Gedichte von Hermann Stützer

Noricum Verlag

BEERENLICHT

Achtundsechzig Gedichte von Hermann Stützer
mit siebzehn Bildern von Franz Mayrhofer

NORICUM
VERLAG

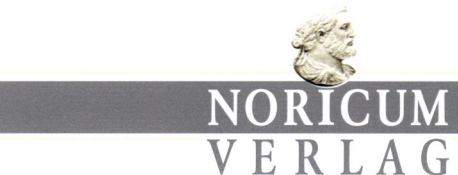

Noricum Verlags GmbH, Teisendorf, Printed in Italy 2000
mit freundlicher Genehmigung durch Hermann Stützer
© Copyright für die Gedichte by Hermann Stützer
© Copyright für die Abbildungen by Franz Mayrhofer
© Copyright für die Gestaltung by V.DESIGN, René Vinke

ISBN 3-935010-00-1

Wohin wir uns wenden im Gewitter der Rosen,
ist die Nacht von Dornen erhellt, und der Donner
des Laubs, das so leise war in den Büschen,
folgt uns jetzt auf dem Fuß.

Ingeborg Bachmann im Juli 1953

Vor Wort

Will einer euch der Dichter sein, mögt ihr ihn selbst euch küren! Solche Art Ziel vor Augen wird er beherzt mit dem Kompromiß beginnen und sich baldigst und willig der Meute ausliefern um eines Status willen, den die laufende Zeit für ihre Genossen schon nicht mehr bereithält.

Will einer nur Gedichte schreiben, so ist er selbst sich Künstler. Unbeirrbar werden es für ihn immer nur seine eigenen Ansprüche sein, die ihn messen und an denen er selbst sich mißt. Ein Drang nach Veröffentlichung und Bühne stellt sich ein. Und es ist dies nur der Teil des Ganzen. Denn er will auch den Widerhall.

Bedarf einer aber des kreativen Umgangs mit seiner Sprache, so handelt er an sich selbst in einem Streben nach innerem Wohlbefinden: Genesen oder Linderung ähnlich. Auch der Drang nach Veröffentlichung meldet sich für ihn nicht so früh, viel weniger ungestüm, manchmal fehlt er sogar gänzlich. So zumindest ist es in den oft langen Zeiträumen, die bis zu jenem Maß der Erholung, Verheilung, auch Vernarbung, verstreichen, jenseits derer die kleinen Sprachgebilde vor dem eigenen inneren Auge unantastbar werden und eine Art Stadium des Fertigen erlangen. Dies gilt besonders auch für jene, die binnen Minuten aus der Feder laufen und danach nie mehr berührt werden.

Du spürst einen ungemein bewegenden Zwang, der tief hineinstrebt in die Faszination einer Körperlichkeit von Sprache und Melodie, in der Wohllaut und Gleichklang, Widerspruch und Kontrast, Aufschrei, Dissonanzen, Widerstand und Klage, Träumen von Geträumtem ähnlich, von Werden und Wachsen, in Strömen und Schwärmen eine physische Gestalt aus Farbe und Klang annehmen und einmünden in die sichtbare äußere Form, welche statt eines Pinsels oder Meißels des überaus schweren Werkzeugs einer Feder bedarf.

Doch kaum Wohleres legt sich dir auf Stirn und Gemüt als die paar Zeilen einer Nacht, wenn sie am Morgen noch Bestand haben.

Für mich, der ich in einem verworrenen Leben Vielerlei bis zu überraschender Reife oft nur mühelos getrieben habe, wurde meine Sprache stets dann zum Ventil, wenn Lasten auf Schulter und Seele sich unerwartet und schmerzlich erhöhten, wenn ich durch harte Widerstände mußte. Das Ende seltsam verwobener Irrgänge, innerhalb derer du aus den unsäglichen Lärmen deines Daseins auf so überraschende Lichtungen der Stille dringst, an denen sogar die umgebenden Düsternisse ihre bewegende Poesie entfalten, stand und steht für mich immer als Gedicht. Es öffnet sich wie ein Fenster nach Jenseits oder doch zumindest Anderswo. Es kann ein größeres oder ein kleines Fenster sein; immer ist es auch eine zurückblickende Öffnung, die dich Jahre nach ihrem Entstehen innerhalb weniger Rhythmen oder Reime unmerklich und bruchlos neuerlich mitten hineinversetzt in das schöpferische Szenario ihres einstigen inneren Werdens. Die Wirkung bleibt auch mit noch so viel Malen des Öffnens dieselbe. Sie heilt und sänftigt und ist in ihrer häufig samtwarmen Tiefe mit kaum etwas zu vergleichen. Nur noch die Musik – und in ihren Armen auch nur die mit mir selbst erfahrene – vermag Ähnlichwertiges zu vollbringen.

Ich habe als Schulkind in einer katholischen Kaserne gedient, in der ich viel gelernt und viel verloren habe. Danach waren mir neue Freunde zahlreich und über die Maßen gut und ehrlich. Einige von ihnen blieben mir zu ihrer Zeit auch verborgen. Doch haben sie alle viel von mir wiederentdeckt.

Eine ziellose Rastlosigkeit großer Ansprüche trieb und verschlug mich unversehens in kaum begrenzte junge Mannesjahre, von denen ich bis heute jeden Tag traulich erinnere und aus denen ich keinen Sündenfall missen, keinen Schmerz vergessen möchte.

Das Wenige was blieb, hüte ich im Insgeheimen.

Ich wurde also geboren, war kurz Kind, unterbrach eine holde Zeit jählings, versank in die Kälte und kehrte nach einem darauffolgenden, überraschend herrlichen, Zwischenleben wiederum ein in einem vergessenen Dorf, auf das ich in diesen Tagen stolz war.

Mit Jahren aber, allmählich, und doch jeweils mit erschrockenem Unversehen begann ich eine unsägliche Mischung aus Torheit und Arroganz und die offenkundig mangelnde Bildung vieler Solcher zu erkennen, die sich eines Fleckens für Wichtige halten, indes bei schlichter Betrachtung nur bereitwillig in nicht enden wollenden Kniefällen einer allkatholisch gewaltigen Rückständigkeit frönen, welche sie in Ermangelung eigener intellektueller Potenz und in verwerflicher Bequemlichkeit als gesellschaftlich zielgenau anerkennen, womit sie wiederum bedenkenlos einem unerträglichen Grad öffentlicher Verantwortungslosigkeit zu omnipotenter Maxime erst aktiv verhelfen und was das Schlimmste ist: ganz besonders einem gänzlich unkreativen Mittelmaß.
Es war mir in Jahren meines kumpanenhaften Umgangs mit solchermaßen Gesindel die Maskerade nur selten aufgefallen.

Eines zufälligen Tages war ich es indes, der sich verändert hatte.

Und so schärfte ich meinen Zorn gegen institutionalisierte Trostlosigkeiten und kultivierte Dummheit, die noch dazu auf solide basisfaschistischem Weichgrund ihrer nur vermeintlich genuinen Vulgarität frönt, wodurch sie wiederum in solcher Kombination weitum noch bis heute als bodenständig gilt. In Gestalt öffentlich anerkannter Bedeutsamkeit hat sie sich sogar bis in die etablierten Herrschaftsebenen des Landes hinein festgetreten.

Als ich mich nun eines dauerhaften Engagements auch noch zu schämen begann, bewertete ich diese Art Erfolglosigkeit neu und wandte mich ab. Und von den vielen Zweigungen meines Weges hatte ich zum ersten Mal eine eigene Richtung selbst gewählt. Der Charme des Ortes, den ich mit einer goldenen Kindheitserinnerung verband, versank immer schneller in der bösartigen Adoleszenz meiner korrigierten Empfindungen.

Vor dem Hintergrund solcher Jahre sind die Gedichte dieser Zeit für mich Dokumente eines Geheges, an dessen stacheldrahtiger Umzäunung ich mir in erbitterten Ausreißversuchen nahezu alle Wunden selbst zufügte. Jedoch, mit jedem Bersten eines Zaunstücks erschloß Neues sich,

Geweitertes, dahinter indes meist neuerlich Gezäuntes, formten sich aber auch Ausblicke, großartige Räume. Vor allem schälte sich aus den Graugründen mir bis dahin unbekannter Schlünde die Faszination eines Untergangs, den ich mit Neugier zu ertasten begann. Daran war nichts Verzagtes, Erschrockenes, kein ahnungsvolles Verstummen, löste sich kein Laut von Erkenntnis, auch entwickelten sich zu meinem nachträglichem Erstaunen nicht Aufschrei, nicht Widerstand, nicht Spott oder prallrot geschwollene Kampfkämme. Es war eine Wegstrecke, in der ich vermeintlich richtungslos walzend zur Anatomie der Klage vordrang in einer sich selbständig verdichtenden Form, die ich als faszinierend und überwältigend empfand.

Mein Ventil entleerte sich draus lautlos in die Stille.

Und so sind es seither vor allem die Erinnerungen an die morgenklareren Lüfte und die wärmeren Seelenschmeichel solcher Frühlinge, die davor und unerkannt sich ereignet hatten, die unbändigen Herbste am unteren Naabufer, die zauberhaft unwirkliche Schaurigkeit beklemmender Nebelkulissen an den Stadtufern der Donau und jener braune Ernteduft der speckspiegelnden Lößbrachen des niederbayerischen Gäubodens, die sich mir unmerklich in die Sprache woben und die schlichte Zuneigung von Fremden, die mich Beziehung lehrten, wo Scheu, Fassade und Unverstand sich der Nähe stets heftig erwehrt hatten. An ihrer heilenden Wärme genasen fast alle meine Ängste und miteinander färben, modulieren und melodisieren sie mein Leben bis heute und insbesondere dann, wenn Gräben und Zäune neuerlich aus den Dunsthorizonten zu tauchen trachten.

Mein Innenleben gründet in den zahllosen Schauern stiller Farben, in den Gerüchen, den vielerlei nächtlichen Gesichten meiner Kindheit und dieser Jugendjahre. Sie waren mir Fluchtpunkt vor Widrigem, Bedrohlichem, auch vor mir selbst. Die äußere Wirklichkeit hatte wenig Platz neben meinen wachen Traumgebäuden und ihren mit nichts zu vergleichenden virtuellen Realitäten. So war das heimliche Kultivieren sehr großer Sehnsüchte Ersatz eigentlicher Wünsche und verborgenes Ziel zugleich, ein unversehens mögliches Erreichen von als dahinterliegend ausgemachten Erfüllungen etwas, wovor es sich zu hüten galt, würde es doch die Sehnsucht zerstört haben. Und all die wollüstigen Schleichwege zu lauthals geschmähten Unerfüllbarkeiten wogen sehr viel mehr als die orgiastische Greifbarkeit nahezu allabendlicher Angebote und einer teils ob ihrer Widerlichkeit faszinierenden Gewohnheit. An vielen geleugneten Wunden schließlich krümmte mählich sich mir schmerzlich auch die Sprache. Daraus wuchs große Bewunderung für die Kunst derjenigen, die sich in den Sechziger Jahren über schul-klassische Dominanzen hinaus zu erheben begannen.

> Musik und Sprache.
> Sprache und Musik.
> Irgendwann ging es auch in der Pop-Musik zueinander. Künstlerische Sozialisation in parallelen Spannungen und miteinander sich flechtender, ja verfilzender, neuersprossener Genres zugleich.
> Widerstand gegen vage gespürte Eigenentwicklung.
> Große unterbewußte Zielkonflikte.
> Unverstand und blutige Nase.
> Musik.
> Noch keine einzige Zeile geschrieben.
> Texte lesen.
> Pointen studieren.
> Form und Antiform.

Heute glaube ich: mein Empfinden war immer einheitlich. Zu deutliche Abgrenzungen in der Sprachtauglichkeit von Kunstformen oder auch Medien ließ ich da nicht zu. Sogar Telefonnummern merkte ich mir nur melodiesymbolisch. Bewußt wurde mir das erst viel später. Heute ist mir eine Erkenntnis noch wichtig: Elektronische Verseuchungen gab es nur begrenzt.

Als das Pendel dieser Jahre sich auch von seinen späten Ausschlägen erholt hatte, begann ich die Entdeckung eines vermeintlich vergangenen sprachlichen Ich.

Die Erinnerungen in Gestalt sich selbst restaurierender Träume flochten sich nahezu ohne mein Zutun in offene sprachliche Räume. Und unerhörte Ausblicke häuften sich in einer überraschend breiten Fülle. Ich hatte eine Art überhöhten Vergangenen gesucht und fand einen neuen Wirklichen. Dabei erfuhr ich in mir völlig unbekannten

Regungen, daß ich als junger Mann wohl kaum jemals wirklich analytisch gedacht, sondern nahezu durchweg »nur« kreativ empfunden hatte. Mein geistig intellektuelles Leben, die Phantasie, hatten sich in entweder konfliktträchtigen, -süchtigen oder hamoniebedürftigen, aber gewissermaßen eben »in Reimen« abgespielt. Mehrere Entscheidungen auf meinem Lebensweg traf ich so in falscher Einschätzung solcher Zusammenhänge. Überraschend fielen mir Neigungen zu Formalismen auf, die ich in meiner eigenen Sprache und an mir selbst testete.

Ein sprachneurotisches »Zaunlattenzählen« war eine erste unglückliche Erscheinungsform. Ich analysierte, ahmte nach, versuchte mich an sprachlichen Handwerklichkeiten, Techniken, die ich zu beherrschen trachtete als eine Voraussetzung für das willige Abheben von denselben. Ernst Jandl faszinierte mich ebenso wie Max Mell. Schiller berührte mich und Bob Dylan. Eine Abartigkeit erkannte ich darin nicht. Es führte mich schnell zu offeneren Ufern wie den gegenständlichen Zeichner zum künstlerischen Ausbruch – über das inszenierte Experiment hinaus. Eine Entdeckungsreise, in der sich alles wie von selbst erschloß. Ähnliches gilt für eine gewisse Zwangsläufigkeit in Thematik, Motivik und künstlerischer Individualität, worin oder woraus Andere lesen mögen.

So ist es geworden, daß ich im Gedicht mit mir selber sprechen kann.

Das neue Du im alten Ich klärt eine unerhörte Weitsicht, verbläst die Nebel und grüßt wieder zurück, von wo ich mir selbst zum Abenteuer geworden bin. Ich erkläre alles für gültig, was durch diese Weiten vagabundiert oder sich in ihnen abzeichnet. Wenig ist mir deshalb wichtig geworden wie die Suche nach jenem Guckloch in Gestalt eines kleinen Sprachkunstwerks, das größeren Blick weitet dorthin, wo du offenen Auges nicht siehst. Und ich liebe die Entdeckungsreisen über alles.

Denn das Gedicht ruht in der Sprache wie die Statue im Stein, von der Michelangelo schwärmte, man müsse sie nur freilegen.

                        Und manchmal geht es auch mit dir.

Geh ich zeitig in die Leere
komm ich aus der Leere voll.
Wenn ich mit dem Nichts verkehre
weiß ich wieder, was ich soll.

Wenn ich liebe, wenn ich fühle
ist es eben auch Verschleiß.
Aber dann, in der Kühle
werd ich wieder heiß.

Bertholt Brecht

WINTEREINBRUCH

Vae Victis

Wenn kälter werden die Tage
und sogar die Würmer welken,
wird eine Umarmung die letzte sein.
Sehenden Augs
wird der Abend hinausdämmern
zikadenzerzirrt
trocken und scharlachrot.
Und kein Gipfel würde sich neigen.

Wer hieß Euch
die Hunde hinausjagen,
die Seelen entlauben?

Schon hallen
ferne Peitschenschläge herüber,
murmelt der Verruchte
sein hohles Gebet.

Zu willig
entkamen die Vögel.

Denn siehe,
wohlumgeben lauern
die erbittert geweihten Argumente
in den tausendjährigen
Grundsteinen.

Vae Victis
und denen,
die keine geplünderten Pelze
erhaderten,
wenn kälter werden
die Tage!

Sieh, daß du in die Härte paßt

Und spürst du mähliches Verenden,
verderb dich,
der du es nicht bist!

Der bunte Vogel fliegt zu hoch.
Seine schwarzen Schwingen
flackern schon im Gegenlicht.

Noch einmal prangen unermeßne Farben,
doch knistert schon das Wipfelwerk.
Und lauter noch braust das Getöse.
Bedenkenlos knallt Frost ins Land.

Und weiterhin starrt Haut zur Schale
und rissiger erklirrt das Wort.
Alles Bunte mag verbräunen,
liegt manche Melodie verödet,
die ziellos tanzte durch die Zeilen.

Sieh, daß du in die Härte paßt,
die brüchig starrt auf ihr Zerspringen!
Es werden kaum mehr Vögel singen
und schade wär
des Sprosses widerbleiches Grün.

Beim letzten Schlag

Als jählings der Kirchturm erglomm und sich neigte
und die Akazien glühten zu hellem Rot,
als das Kopfsteinpflaster die Straße entlangfloß
und die Häuserzeile zu Knie ging so gänzlich,
da trauten wir unseren Augen erst wieder,
als der Zeiger bewegte zum letzten Schlag.

Droben mußte verfegt sein, was ragte,
der Berg in das Wort des Propheten geflohn.
Herum und in sich alles Land war gefallen
wie die Gottheit: zu schweigenden Flüchen zerstürzt.

Und aus der noch bebenden Stratosphäre
erdröhnte ein eigentümliches AMEN.
Das brannte in glosenden Lettern zu Schrift
und kehrte zu Staub und dauerte nicht.

Des flammenden Schwerts michaelisches Grinsen
hatte auch in die Löcher geleckt
bis zu denen, die in den Winkeln noch kauern
gelichteten Haupts und zum Tode erschreckt.

Der große Kongreß

Die Mütter von einst,
wer nennt sie noch
von den Dünen bis zum Ural?
Die Väter, die du zu kennen meinst
und die du lange leugnetest doch,
entdrifteten über den Ball.

An ihren Spuren
erkennst du sie,
wie sie schrammten von Pol zu Pol,
wie geratene Rücken sie verhuren
und mit eifernder Poesie
fäulen, was knospen nicht soll.

Vergoldet der Sporn, der die Mähre zwingt,
und befreudet vom Kichern der Koka
von irgendafrikanischem Horn
hinüber die weiten Wasser schwingt
sich eine neuere Toga.

Von Weiten
im Fadenkreuz blinket keß
das Bajonett wohlgepflanzt
Zu Zeiten
hat der große Kongreß
noch nie so munter getanzt.

Wintereinbruch

Auf diesen schlimmen schnurgeraden Wegen,
an denen nur ein Blätterwerk aus alten Träumen
verdorben in die eine Richtung ragt,
von wo einst wärmre Sonnen lockten,
reißen die Karawanen nicht mehr ab.

Lang haben sich die Winde angekündigt.
Sie wölken schon die Horizonte;
doch viel zu saftig birst noch dieser Herbst.
Unmöglich, seinen wabenschweren Schwängen zu entsagen!

Es gäbe viel noch zu vergolden,
doch nicht umsonst und drum: wer sollte?
Haben nicht jene, die da hohlen Augs
kaum einer Blume sich erfreun,
den eitlen Klang von schweren Beuteln zum Entsatz?

Doch wo die herben Düfte
an schleiergelben Schatten sich verätzen,
erklingt kein schwarzes Schweigen mehr herüber,
von wo die trocknen Tode sind.

Schon lange gibt es nur noch eigne Welten,
die alle einzeln untergehn.
Und die da liegen auf und an den Wegen,
verstaubte Winter überfegen,
die leisen Wehlaut wegwärts wehn
und alles decken mit noch nie gekannten Kälten.

Und immer war es mir, als flöge
ein schmaler Schimmer von Geigensang
nachtverhaucht ins Dämmerdunkel
und böten aus vergessenen Fernen
betrogne Bilder uns
ein elendes Geleit.

Neunzehnhundertpaarundsechzig

Wohin nur, du Schönheit verwichener Weiten,
gespiegelte Ungehörigkeit?
Versparrt und zerzaust durch entuferte Zeiten
aus ewig brüllender Gültigkeit.
Zerlodert, verfackelt, zerglüht und verglommen,
geblichen, zergilbt und im Nebel verkommen,
zerhärmt aus nackter Unbändigkeit.

Von hämischer Hand zur Reihe vereitelt,
gerümpft vereinigt dem Verein
und unansehnlich sauber gescheitelt,
reingewaschen Münz um Schein.

Zwangsgelaufene Generation,
deine Söhne warten schon,
dich des Unbelangs zu zeihn!

Wappen der Zukunft

Wenn du das Wappen der Zukunft malst,
vergiß nicht das große Grau der Getäuschten,
die gemästet im Glauben
versanken zu Stille!

Laß träufeln in blutiges Herrenrot
der seelenlosesten Wärter
die vielfache Röte ewiger Wandler
und deck nicht ihr buntes Gewissen!

Wenn du das Wappen der Zukunft malst
und die tiefe Schwärze der Festen,
so bewirf mit ihren kantige Schatten
die Wände so brüchiger Gestern!

Laß grünen wider Wissen ein Grün,
das zügellos tönt sich wie kränkelnder Sommer
und verästelt entrinnt in geuferte Fernen.
Und merke das unumgängliche Blau.

Wenn du das Wappen der Zukunft malst,
erhältst du aus deinen schönen Farben
das scheckige Bunt der gedünkelten Töne.
Vermenge es kräftig und du wirst sehn:

Es verläuft zu der schmutzigsten Bräune
und du bändigst sie wieder nicht.
Es ist ein Gesetz in bestimmten Farben:
Sie tünchen, aber sie mischen sich nicht!

Im Laubfall der Jahre

Wir haben das Schöpfungswort
interpretiert
im Laubfall der Jahre.
Wir haben uns Ewigkeit
degradiert
zum Schlußton der Bahre,

erlegt,
was untertan uns geheißen,
getreten
das Lehen zu greiflichem Glück.
Doch kündigen Blitze mit grellem Ergleißen
Zornesfunkeln im Schöpferblick.

Kaum einer
erachtete drohende Geste,
da alle Dunkelheit purpurn erblaßte.
Es schrillten fort die schwindelnden Feste;
und keiner, der aus den Strudeln faßte!

So hinterläßt
der Laubfall der Jahre
verschmutzendes Eis
und modernd Gerippe.
West bläst zu West,
da keiner mehr weiß
um die huldige Segnung
erlodernder Krippe.

Schon staken die Jahre in tieferen Schlicken
mit haltlosen Blicken,
durchgieren das Weit
von Horizonten,
die dämmernd entrücken.

Und
die ergrimmende Gottheit
durchwatet
die Zeit.

Verhängnis

Die Stränge hängen zu hoch,
wer soll
die Glocke läuten?

Der zwölfte Schlag
gähnt noch immer
wie eine Fermate über den heißen Giebeln
und Riegel rasten
schwer im Schloß.
Erschrocken
verflog ein Gurren
im Gebälk.
Wenn jetzt bloß die Hunde nicht bellen!
Atemlos
kauern die Schatten
in den kahlen Gassen,
und nur das Windrad gebärdet sich fort.
Sinnlos,
jetzt noch die Kinder zu küssen.

Die Stränge hängen zu hoch.
Wer soll
die Glocke
läuten?

Wenn der Dornbusch wieder brennt

Wenn der Dornbusch
wieder brennt,
wird sein Wort die Blüten sengen.
Und sein Astgeäsch erkaltet schneller
als der öde Wind die Dürre zaust.

Rotgesäumte Lider lauschen
in das Bleich der Eisesmonde
und verschloßne Sänge flogen
in ein leeres Muschelrauschen.

Nur ein schwerer Flügelschlag
knattert noch in brachen Wipfeln.
Harte Siegel sind gebrochen.
Und mit hilfloser Gebärde
klafft der Mähre offnes Bein
blutend aus zerschundner Weiche.

Doch solang die Erde klebt
und grelle Träume schießen durch verfärbte Bäche,
zerreiß ich meine heißen Kleider
und tolle auf vagabundenen Wegen
einer drohendroten Dämmrung zu.

Nicht heilen sollen meine Wunden,
die mir der Irrnis Hast im Dickicht reißt,
wo nicht mehr sein wird, was gefunden
du seit vielhundert Zeiten weißt.

Und glücklich doch, der dorthin fänd,
wo der Dornbusch
niederbrennt.

Abgesang

Vergeblich neuen Frühlings harren wir
vom Grunde stiller frostverglaster Weiher
mit einem letzten sonnenfrohen Lied noch
in den Blicken, die lebendig scheinen,
von lichter Beerenröte
sterbensloh bestaunt
und ließen gerne
unser unbeklagtes Los den Monden,
die schwärzer schälen aus dem Winterbleich.

Doch starben wir an aufgetürmten Herbsten;
wir hatte ihre bunte Drohung
nicht erkannt.

Aus tauber Tiefe lauschen wir
ergeben einer blinden Bläue,
von lichter Beerenröte
sterbensloh bestaunt.

Und wir vermeiden jeden Groll
auf unsre Mörder,
die wir lieben.

Male der Zeit

Vaterland

Wo
vielfach ummondet
die Sterne
nicht mehr untergehen,
kaum eine Uhr
mehr gestellt werden
will,
blecken die Sonnen
geil
auf die erbittert beeideten
Summen.

Wie sinnlos
wiegt doch das Rohr sich
im Tümpel!

Eben noch schnob
einer der letzten Entgeisterten
kopfüber
durch den Schlagbaum.

Ja dort,
wo alle meine Träume
baumeln,
ist heute mir
Vaterland.

Die Himmel ermüden

Die Himmel ermüden.
Es kränzet
ihr firmamentenes Bläun
besinnungslos über den Hügeln.

Die Lieder sind abgesungen,
verlernt.
Gewaltig erklingt nun die Stille.

Befüttere
blinde Vögel nicht mehr!
Womöglich
erkennt man dich später.

Bin lang auch gecodet ich nun
ungezählt,
so verberg ich mich vor meinen Toren
und weiß, was ich leugne.

Doch geflucht sei der Herr,
so ich tänzle mit euch!
Und ich nenne euch bei meinem Namen.

Erkennst du
das schwärzliche Kolbenrohr noch,
das sich wiegt
durch umflüstertes Dunkel
vor dem Widergefunkel
der ruhenden Wasser?

Die Himmel ermüden.
Noch verenden sie nicht
über den irdischen Nächten.

Märchen für Klärchen

Ein Vögelchen im Frühlingsjahre
stieg auf ans blaue Wunderbare,
stand trällernd über Dunst und Au;
besah das Untersich genau.
Doch schau:
da streift es aus der Luft
ein rauchestinker Schornsteinduft,
der behinderlich beim Schaugen
für empfindesame Augen.
Es taugen
die gewissen Höhen
den Fliegerchen nicht mehr zum Sehen.
Zusonders weilen sie in Nöten,
wo ostwärts sie von Schlöten
flöten.

So endet balden für die Vögel
solch sonnenfrohes Lustgeflögel,
worauf zu Süden und von hinnen
sie anderwärtiglich entrinnen,
allwo von Sinnen
hingelocket an Attrappeln
in Netzen sie zugrundezappeln
und für zuirrgeleite Gaumen
ein kurzes Leid verendetraumen.

Schaumen
krönen über Flüßchen, mein Kind,
verdrießelich für Flinkefischchen, mein Kind.
Sehn von unten aus wie Wölkchen
für glitzerklargewohntes Völkchen.
Jedes Kölkchen
noch so kleines
verscheuchlings Fisch und Fröschebeines.
Schnappekrebs und Schneckekriech
sondersamt vertoxelich
und siech.

Kronen schäumen auch an Kindchen
fischeflink für Verdrießekindchen,
wölken über kleine Köpfchen
auf lichte, helleglänze Schöpfchen,
so Quelletröpfchen
einst gar feines
verfröschlings Scheuch wie Fischebeines.
Verkriechekrebs und Schnappeschneck
toxesamt versonderreck.
Alles weg.

Biotopen angewanken
verstrudelings Naturgeschwanken.
Spinnefeindisch.
Würmeleer.

Am Ende ganz verregulär
womöglich nur noch
Teddybär

für Klärchens
Märchen

sonder Fährchen.

An den Strom

Fernerquollnes Ästelwerg,
das irgend sammelte zu muntern Träumen,
trällerst spielgelaunt herab
ins lehmgekerbte Wiesenweich,
von wo manch tänzelnder Gesell begrüßt
an deinen grünen Seiten.

Wild durchstürzst du vielbewölkten Hall
geduldig noch gezwungner Dome
hinab, heraus aus tollem Jugendschwang.
Vergrauest fremd in ungekannte Täler,
wo mehr und mehr vertstummt
dein vielfaches Geschwätz.

Schon breitet sich dein Uferfunkel,
an dem die Silberweidensäume
beschmutzt durch schwere Schlicke schleifen
und nicken einer farbenen Ferne zu.

Sie werden dich in neue Schwären zwingen
und drängen dich zu ungebührtem Halt.
Betongeschmiedet sind die Klingen,
mit denen sie im Halbrund mit dir ringen,
zu zwängen zum Erbruch dich durch den Spalt.

Und dein zurschaugestelltes Brausen
und qualvoll aufgeschrien Gegischt
wird dunkle Male in dich graben
und flachen deines Ursprungs Atem,
hinstrecken dich in strenges Stromes Bett.

Ganz graugewölkt und tief gealtet
nach womöglicher Weite verdorbenem Traum
erschlaffst du ungedämmt zu Breite,
zerkriechst zu wieder wirren Ästen
und speist zuletzt in immergreiser Gelbe
ergeben dich in trägen Horizont.

Doch die an deinen dunklen Wassern wohnen,
sie singen noch die alten Lieder.
Auf deinen Scheiteln tanzen noch dieselben Sonnen.
Kein Wehlaut bricht von deinen Pieren.

Gäbe es weise Steine

Gäbe es weise Steine,
ich führe zuweitest über das Meer.
Ich fände Dorado ganz alleine
von jeglich gedrehter Rose her.

Umflautete Segel ich bliese
und blähte aus prallen Lungen mit Macht.
Durch wüstene Weiten ich hieße
das staubigste Rinnsal zu schnellerer Gracht.

Ich deutete früher die Runen.
Gutenberg flocht ich selber ans Rad.
Ich war im Pakt mit dem Hunnen.
Braunen wies ich morastigen Pfad.

Gäbe es weise Steine,
Dorado entdeckte ich leise.
Doch fand ich am Ende des Canyons nur eine

kokakauende
steinerne
Weise.

Tauwetter

Nahtlos
reiht sich der Strom
an die Lande.
Über alles verglitzerte
Ringsumher
wimmeln
bunte Kinder.

Verläßlich
in Schach
die Gewalten.

Wenn endlich
erste Sprünge laufen,
lange bevor
Scholle an Scholle malmt,
gellen die Pfiffe durchs Land.

Denn wir
lernten nur,
uns des Wetters
zu wehren.

Mit deinen blauen Augen

Sie haben dich unter
den Ihren verstaut.
Du hast sie mitunter
nie jemals durchschaut
mit deinen blauen Augen,

die sie umflöteten
dein ödes Lau,
als nimmerzu krähten
die Hähne zu Tau
durch junge Morgen, die allemal taugen.

Es war deine Jugend
auch nirgend gefragt,
so die Klippe längst suchend
nach Brandung ragt,
doch nur Gifte die mächtigen Kolke umlaugen.

Und es watet sich leichter
im brackigen Grund.
Je breiter des seichter
sind die Strömungen. Und
wenn die Böen darüber auch rauh gehn.

Man kann euch erkennen
in Menschengestalt,
wo die Lachen aufbrennen
von der Meute Gewalt
und die Irrnis flackert in wütenden Augen.

Also stehest verflucht
mit dem Queue in der Hand
nun auch du. Bist gebucht
und als solcher erkannt.
Mag dein Blut dereinst auch für die Anderen taugen.

Was hast du dich unter
die Ihren getraut?
Du hast sie mitunter
nie jemals durchschaut
mit deinen blauen Augen.

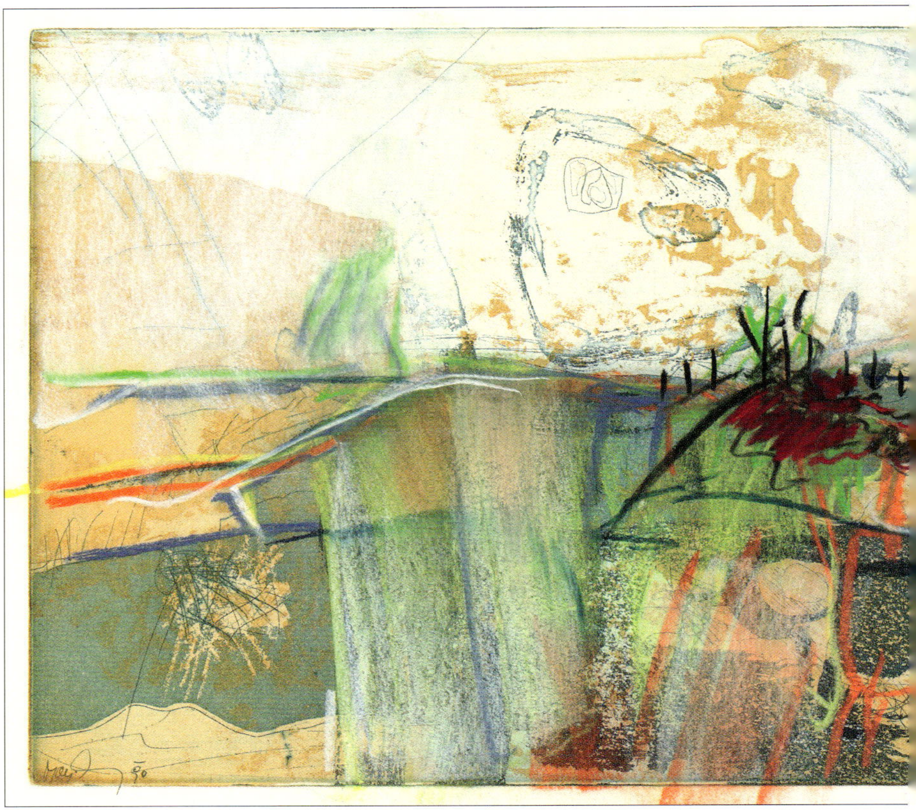

Ich wandre

Ich wandre.
Schreiten will ich in den Schein,
da große Vögel Zeichen schreiben
durch die umgraute Himmelsglut
und blutige Linnen südwärts treiben
zu decken ein beschmutztes Land.

    Ich wandre
    ängstlich durch ein breites Nichts.
    Hingeduckt an lichten Rainen
    zäunten Keime sie mit Stachel.
    Gräben modern in die Krume
    zu feuchten, was zumal verbrannt.

    Ich wandre.
    Und ich strauchle in der Furcht
    über frischverfallne Spuren,
    denn Fratzen blecken aus den Spiegeln
    großer Lichterheere, bellen
    zu scheuchen, was noch Frieden sucht.

    Ich wandre,
    tolle schwärmend wie zum Trotz,
    wo Irrnis in bespeiter Gosse
    rasend ihrer Gänze frönt.
    Stimmte lang in lalles Lachen,
    das aus toten Fenstern fliegt.

Ich wandre.
Es ist ein freudlos Ziehn im Traum,
da von Weiten Seelen winken.
Tiere schreien durch die Dürre.
Doch es fallen meine Tränen
nur bis an den Lippenrand.

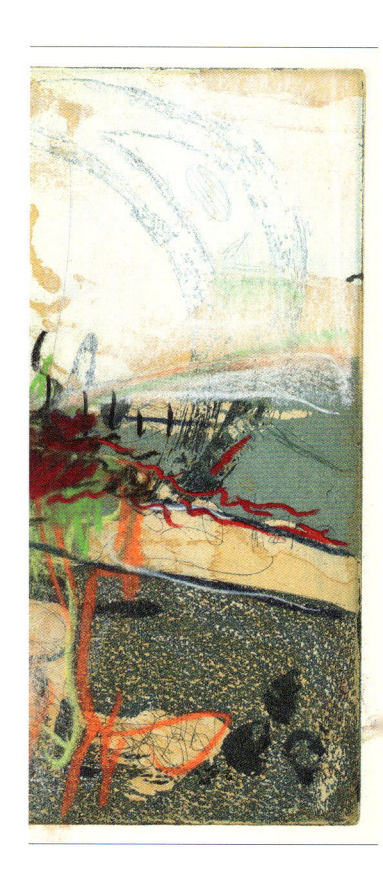

Herbst 1992

Da nun Jeglichen sie höhnen
und alle Gesten Übel zeihn, dröhnen die Straßen
von Wirrnis
und neuer Hohlheit,
die verkohlt wir und vertilgt gewußt
mit Jahren und Jahren.

Also
stehe ich nächtens wieder auf den Geleisen.
Und die Nächte sind sichtbar
schwarz und vergeblich.

Also
höre ich nicht auf die Laterne zu schwenken.
Und sind der Lichte auch viele
und blinken weithin.

So bin ich Geist zwar nicht
noch Taube,
und will ich lehren euch ein Lächeln doch,
ein Lächeln
wieder weise
und warm
und
in allen Sprachen.

Alles wird wärmer

Alles wird wärmer.
Flüsse,
die Tümpel.
Über den Tücken
Traumwandlerbrücken.
Schon mehren Gerümpel
die kälteren Küsse.

Nie
war es ärmer.

Schweißbeperlt
in Trotz
und verzaudert
erliegen
die Kommandobrücken.

Wehe,
wer wagt,
noch vor dich
zu treten!

Weihnacht 1993

Abergrelle Magnophone
trompende Sterilosizer
kommerzieller Synthodrome.
Anertrimmte Vorfestweiser.

      Abgemischte Breitenklänge
      austrendierte Glitzersänge

gelen um gewohnte Schmerzen
in gestumpftes Publikum
sudeln an gedorrte Herzen.
Schauder dreht sich nicht mehr um

      Dupliziert aus jedem Loch
      elektrophil Vom Himmel Hoch

Festmastgans organisiert
Allerorten Jingle Bells
Weihnacht kathegorisiert
sounding straight from devil´s hells

      Mitternacht katholiziert
      Goldfassade vorgeführt

      *

Irgendwo an schwarzem Horn
(Mutter hungerte die Nacht)
ward ein Kindelein geborn
Vater (Neger) umgebracht

      Rote, Gelbe andrerorten
      von Herodis neuen Horden

Staubzerfallne Utopien
kältekranker Fiebergreise
Balkandörfer auf den Knien
Wahnversehrte Krüppelwaisen

      Notgeweihte Gabentische
      keine Brote, keine Fische

Dämmrung über Mittelost
Palästina Trümmerfeld
Minensuche, Stachelrost
Herbergsnöte ungezählt

      Menschenelend, Völkerhatz
      und für Krippen kaum ein Platz

Aller Nächte Nacht
du heilige, du stille
viele halten zu dir Wacht
weiter geschehe dein Wille

      Mögen türmen sich auch in den Herzen
      des Weltenachs unergründliche Schmerzen.

Familienchronik

Maria
ein orientalisches Mädchen
aus einer galiläischen Siedlung
römische Kolonialprovinz
ledig

Alter
wahrscheinlich sehr jung
Lebensgefährte
Tischler oder Zimmermann
genannt Josef
Jude

Das Kind
männlich
geboren im Wüstenwind
Jesus
alltäglicher Name
Unter Caesar Augustus statistisch erfaßt

Das Mädchen
erfuhr von seiner Schwangerschaft
durch ein nichtgekanntes Wesen
Das Baby
gottgeschaffen in hymineller Urversehrtheit

faszinierender Gedanke

Josef
(nicht Jussuf)
übernahm die Ziehvaterschaft
Nicht ungewöhnlich
in dörflicher Sippengemeinschaft

Das Kind gilt
als Gottes Sohn
daher
alle drei
heilig.

Irrlichter

Irrlichter
taumeln durch die Abendheit
versammeln
sich in den Innenstädten
treten dort auf in Massen
und läuten die Kassen

    Es wächst der Wind
    den wir säten
    O du gnadenlose Zeit

Irrlichter
entzucken dem Antennenbild
verflackern
leise in den trauten Räumen
glimmen in dunkler Ecke
hinterlassen diese Flecke

    Nachts birgt sich der Kobold
    in unseren Träumen
    O du unerkanntes Gilt!

Irrlichter
gibt es seit ehedem
Sie gellen
über unsere Städte
Sie färben den Tann
Sie gilben den Mann

    Sie räkeln sich
    in unserem Bette
    O du verleumdetes Bethlehem!

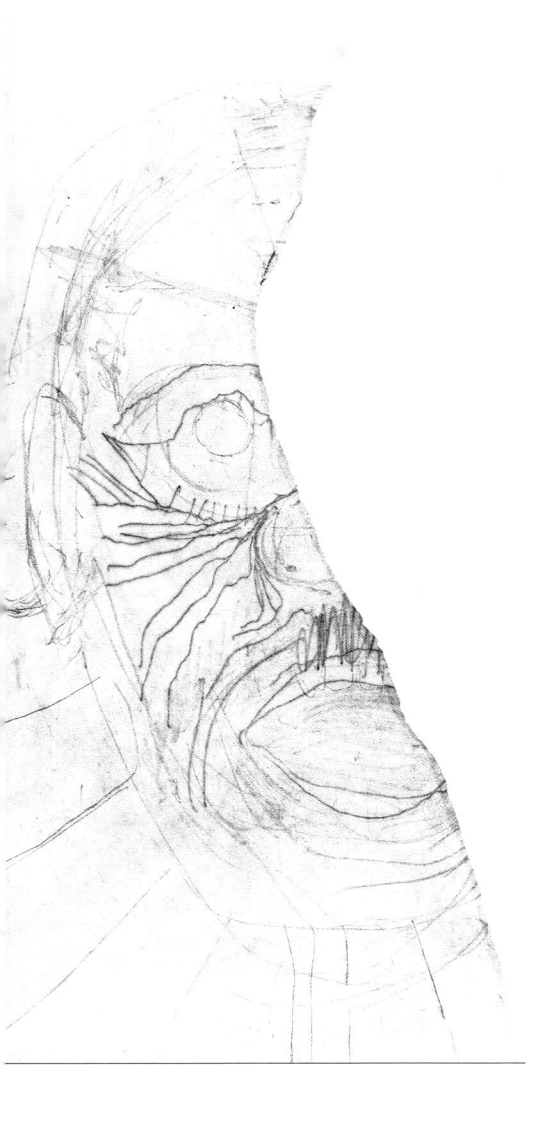

Bin so sicher meiner Wege

Bin so sicher meiner Wege
und vertraut zu allem Stand.
Kaum entgleitet dieser Hand,
was darein ich lege.

Und ich zäumte meinen Schritt,
spornte Gang mir und Gedanken,
kenne Zaudern nicht und Wanken
und vergesse, wes ich litt.

Doch ich werde nicht mehr müde.
Gezäunten Herzens klirrer Schlag
dröhnt in einen kalten Tag
wie der Hammer hart und rüde.

Wenn ich jähverstandnes Mal
ab von kahlem Pfad noch weiche,
strauchle ich ins Dämmerbleiche
und befürchte einen Fall.

Wäre mir ein Traum geblieben,
möcht ich unter Deinen Sternen,
Vater, wieder Weinen lernen
und erstünde
neu dem Lieben.

Bin so sicher meiner Wege

Bin so sicher meiner Wege
und vertraut zu allem Stand.
Kaum entgleitet dieser Hand,
was darein ich lege.

Und ich zäumte meinen Schritt,
spornte Gang mir und Gedanken,
kenne Zaudern nicht und Wanken
und vergesse, wes ich litt.

Doch ich werde nicht mehr müde.
Gezäunten Herzens klirrer Schlag
dröhnt in einen kalten Tag
wie der Hammer hart und rüde.

Wenn ich jähverstandnes Mal
ab von kahlem Pfad noch weiche,
strauchle ich ins Dämmerbleiche
und befürchte einen Fall.

Wäre mir ein Traum geblieben,
möcht ich unter Deinen Sternen,
Vater, wieder Weinen lernen
und erstünde
neu dem Lieben.

Gedenken an Rudolf Heß

Dunkel
nur der Klecks,
verschüttet
auf dünnen Seiten
seltsam leiser
Schulbücher.

Mitgehangen
nach dem veräscherten Phoenix
in der allgewärtigen Beteuerung
handgeschmiedeter Codices,
mühsam glutgeblasen
durch die gläsernen
Dekaden.

Auf der Stirn
das Zeichen aller Kains,
hast du
deinen fremden Blick
bewahren müssen
unter dunkelschwerer Braue.

Nicht vergaben sie dir neue Schuld,
die stumm du ihnen zugemessen.
Nicht entdecktest du
den schmalen Schimmer Abel.
Sie fanden dich schier hundertjährig
an deinem selbstgeknüpften Kabel.

O daß wir stets Erhängen meinen,
daß wir alles
rächten!
Daß wir immerwährend
ächten!

Und stünd uns noch
im Zorn ein
Weinen.

Vergebung

Wem das heitre Lächeln galt,
war nicht weiter zu erfinden.
Leuchtgespurten Lichterwalds
sank er hin, um zu erblinden.

Legte die ergraute Hand
scheu auf klaffend wunde Träume,
flocht ein eitel Silberband
in die früh verfallnen Räume.

Hieß den ungepflanzten Sproß
kühl beharrn in harter Schale,
fluchte nicht verderbten Schoß.
Starrte Farben mit dem Male.

Fühlt der Wirrnis sanftes Fächeln
zerstürzten Blicks auf schmalem Haupt.
Hätte vor des Bluthunds Hecheln
keinem Segenswort geglaubt.

Scheint das Antlitz mit der Krone
dornenwund durch Draht und Gitter,
schweigt mit letztem kleinen Tone
fernvergrollt das Weltgewitter.

Abschied wehet aus dem Wald,
grüßt zu fernen Mitgesinden.
Wem das heitre Lächeln galt,
war nicht weiter zu erfinden.

Träge Träume

Sogar
die Träume
werden träge.
Kirschrote Kleckse
sudeln durch die beschaulich
gedämmerten Schaltkreise.
Und Wolken
walken
daher.

Firmamenten
die Zeit.
Hochgestapelt
an längst gelichteten Horizonten
im rosa Kamelienduft
lautloser Zeppeline
einhergleitend
wie der bunte Zins
des letzten Jetons
in verschweißter
Faust.

Ich liebe
meine Feinde nicht.
Doch schmerzlos vernebelt
klafft das Erwachen
todwund
im Zauber
der allverfallenden
Räume.

Die Träume
werden träge
sogar.

Schweigen im Land

Es ist ein Schweigen um im Land.
Das Leuchten der Blätter verlosch mit den Herbsten.
Fröste verstauten die Dünste im Grund
und der Morgen bleicht spät von den Hängen.

Die große Nässe drängt dunkel heran,
aufspiegeln die speckigen Schollen.
Noch braun riecht die Blässe, siehst du den Strunk
dahinfaulen über den Brachen.

So dämmrig im wächsernen Neongleich
die ziellosen Stunden vergehen.
Es ist des Einsamen hohe Zeit
in nachmittaglangen Alleen.

Verdorben der letzte Farbenton,
Rauch kriecht schwer an die Dächer.
Trübnis droht wie zu dumpfer Fron
düster und mit schwarzem Fächer.

Und faltest die Hände du,
dem das Gebet sich
schwerer entringt seinen Lippen
und vergeblich,
verrucht
in die Kälte entkam,
gedenke der Nacht,
die dich überkam
und der Triebe,
so sie gegangen.

Erklimme die Dunkel des
tiefer und frei und siehe
wonirgend befangen:
Es ist ein Schweigen um und um,

und es ist auch
die Liebe
gegangen.

Male der Zeit

Mühelos aus durchmessenen Fernen
taktet das Stakkato erblindeter Züge.
Draußen fliegt es wie Male vorbei.

Permanente Windkanäle
zwingen das weiche Weggesträuch
in die verbleibende Richtung.

Die Gezeiten nehmen überhand.
Unmerklich verderben die kürzeren Sommer.
Früh schon verkroch sich das kalte Getier.

Maßnahmen sind geboten.
Statistisch gesehn liebt keiner mehr.
Nur Zinsätze äugen noch über due Boome.

Alle Tage wechselt das Meer seine Farbe.
Kapitäne tauschen gemietete Flaggen.
In keimender Kälte vergeuden die Jahre.

Und sie singen mit den wirbelnden Syndromen
und tanzen auf dem grellen Lampion
und täuschen sich. Einer den Andern.

Fährten

Brucknermoment

Noch dunkel
aus erlebtem Nichts
erhabner Weiheton
ergraut.
Aus unisoner Tiefe
baut,
was langsam
sich zu Dämmer
flicht.
Und weiter schimmert
in ein Licht
(geformt schon zu erkanntem Wort)
gedankengroß von da
zu dort
versammelt
buntender Akkord.

Aus atemlos durchspannter
Blöße
bricht
mit erbrausendem Getöse
machtentfesselt
großer Schlag,

der drängend überwächst
zu Dauer,
errieselnd
ungekanntem Schauer,
wo ehe
er bedecket lag.

Und jähgebäumte Pauke
grollt
zurück zur Tiefe,
fernverrollt,
als ob der Klang noch triefe.

Fermaten
ausgeatmet
liegt,
was ungehört noch lange
schwebt.
Ertrunknes Ohr
sich weiterwiegt
in den Akkord,
der überlebt.

Gewaltig
hob die Meisterhand
des Gottes
mächtiger Musikant.

Erscheinung

Schrittweise
durchträufelt narres Sinnen
die jähe Röte des Dunkels.
Entzundnen Lids beharrt
das Auge,
wo tönendes Metall
die schimmernde Schwärze
durchschauert.

Stückweise
erglimmen
die grellgelben Jochstriche,
große purpurne Punkte
auf bellendem Grün
über breit verstrichenen
Lippen.

Fettglänzend
erscheint die Fratze
vor fächelnder Gardine.

Ich gehe
ihrem Grinsen nach,
schminke meine Gedanken,
entkleide meine Seele
und
entschwelge.

Sonntagstenogramm

Die Gipfelkette schwimmt
in blassen Aquarellen.
Gewaltig wälzen Wolkenwerge
durch das Tal.

Und schindelnaß durchdöset
kühler Nachmittag
einen leeren Sonntag,
der unbeachtet
im Juliregen steht,
verzaudert und zottig,
während seine gänzliche Stille
weich und moosig
von den Traufen trieft.

Wir brüten prustend
hinter glänzenden Balkonen
und träumen
einen fächelnden Nußbaum,
der taubendurchgurrt
unsere verwühlten Kissen umlächelt.

Für die Jahreszeit zu kühl
und unendlich freundlich.

Frühling

stahl mit einem wärmren Schleichen
sich erheblich durch den Trist,
fuhr dem Alten an die Weichen,
so er siech und schmutzig ist.

Süden rührt in graue Täler,
atmet Eisesrauche ein.
Schattenkegel schwinden schmäler,
Holze schwellen in den Schein.

Große Märzengüsse prüften
Wiesenlauf und Tümpelstau.
Knoten drängen durch die Moose.
Tupfer flecken Hang und Au.

Schwätzt ein Zwitscher in den Morgen,
Flatter kränzt in kahler Kron.
Wollig äugen von den Gräben
blanke Silberkätzchen schon.

Feine Birkenhäupter quellen
in ein lautlos braunes Bersten.
Lichte Lärchengrüne hellen
Waldes Ränder als die ersten.

Nur wo hohle Senke schattet,
graugegreiste Harsche sterben.
Drüber duftet, glänzt und gattet
Frühling tänzelnd in sein Färben.

Kleiner Seimling

Kleiner gelbergrüner Seimling,
aus maienwarmen Regenschoßen
von März und Tau geküßtem Keimling
zu Sonnen frech emporgesprossen,

den frühlings morgenmild zur Helle
unter wintergrauen Matten
der Moosgrund färbt, wo schanftes Schatten
deine Kinderstelle

überwölbt: genieß die Warme,
die dich umschmeicheln! Schärfren Strahl
sanft über dir Baumvaters Arme
vertraulich schirmen dirzumal.

Gelegenheitsgedicht

Sommergewitter

West ertürmte in Gestalten,
Gräue, gelbverbrämt und nah.
Horizont in Zornesfalten
war mit einem Male da.

Wind schrieb Zeilen in den Mais,
zauste Blätterschopf und Leut.
Minutenplötzlich hing ein Nichts
schwärend über Raum und Zeit.

Hart und jählings schlug ins Land
Sturm und beugte alles Bäumen,
jagte Fluten überland,
brach aus allen Räumen.

Fegte Sturmglöckleins Ergellen
federstrichlings von den Dächern,
fachte Gürtelschilf zu Wellen
wie mit riesenhaften Fächern.

Jäh erbrach sich schwerer Guß
aus dem zähvertünchten Raum,
legte Felder in Verdruß,
löcherte den Blätterbaum.

Himmel barst in grellem Funkel.
Hohe Stämme spleißten halb.
      Wald verbraust in blauem Dunkel.
      Luft riecht grün und eisesfalb.

Stürzte fort so wie es kam.
Währte doch schier Ewigkeit.
Drüben über schwarzem Kamm
streunen Blitze durch das Weit.

    Dampfend schüttelt sich die Flur,
    als die Abenstrahlen lecken.
    Prustend schüttelt sich Natur.
    Vögel plaudern in den Hecken.

        Wenn die schweren Wetterdämpfe
        in den dunklen Ost verschwelen,
        treten wir befreit hinaus
        und belüften unsre Seelen.

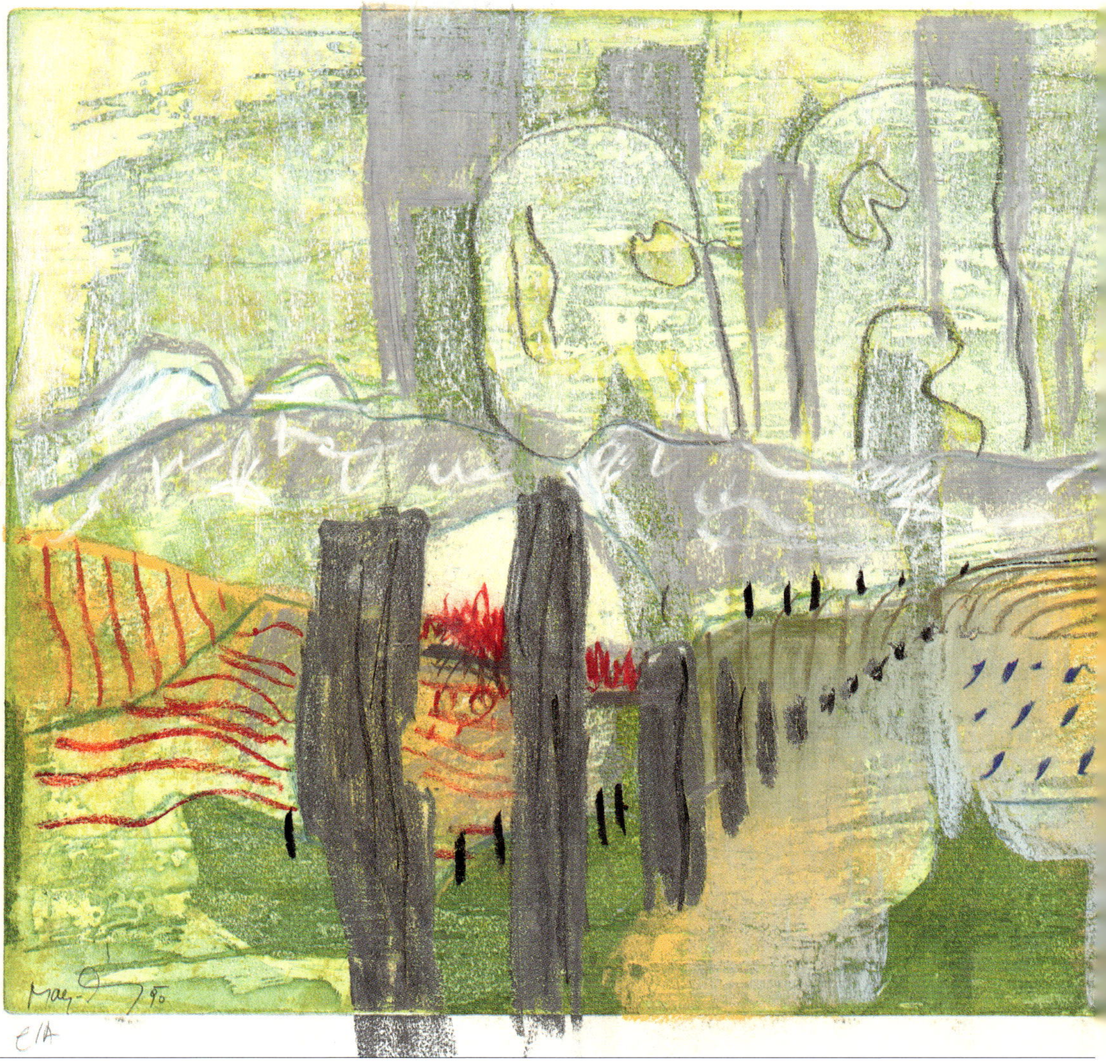

Spätsommerlied

Gewaltig wölbt das hohe Jahr
   sich über Tälergrund und Hang.
      Lichtdurchschwommen unsagbar
         verbrütet Dunst auf reifem Schwang.

      Übervoll aus schwerer Wabe
        Sommer quillt zu letzten Takten,
      rafften altersbunte Tage,
        die ihn golden gehen sagten.

        Erntekronenschwer bekränzt
        ermattet Stoppelfeld Natur.
        Lichtem Taumel spät erglänzt
        ein heller Falter durch die Flur.

        Laublos brennen bittre Beeren
        in prangendroter Süchte Ruch.
        Erste Roste Grün versehren.
        Düfte breitern zu Geruch.

        Wenig rauscht ein ruhig Ohr
        von der alten Stunden Singen.
        Nicht erspürt der schecke Tor
        abendfächeln solche Schwingen.

        Noch einmal Sommer sich entlud.
        Prozessionen ziehn gen Norden,
        lagen auch in Blech und Blut.
        Viel und wieder schlug ein Morden.

        Rauschend nickt das Rohr im Tümpel.
        Samentaschen schotig platzten,
      vererden Busch und Grund Gerümpel.
        Torfstichlöcher moosig schwatzten.

    Morgennebel werden gehn.
   Herbstes Kron erbräunt noch bunter.
  Bleiche Zungen die Hauche versehn.
Erhobnen Haupts geht Sommer unter.

Sturm

brach von winterschwerer Schwärze
   brüllend wie aus tausend Rachen.
      Stöber trieb zu wilden Haufen.

      Und mit wahnverzerrtem Lachen
   griff er in die hohlen Traufen,
rührte Deckenlicht und Kerze.

     Tobte ohne alle Maßen.
       Schlug an Läden wie mit Keulen
         und sucht rasend um die Mauern.

    Zorneswund verstob sein Heulen
und entebbt zu fernrem Dauern.
Wirbel flötet in den Gassen.

     Winselnd blieb er über Nacht.
     Wo die Morgenbleiche lauern
     um die nachtgeweichten Hügel,

    sieht zerrauft man ihn noch kauern.
    Fauchend, doch mit schlaffem Flügel,
    hat er sich davongemacht.

November im Tal

Glühbunt zog dem Hügelkamm den Scheitel
noch Herbstes breit entfesselt Morgenlicht,
blitzte jäh aus nachtvergrautem Nebeldicht.
Ganz goldgeblendet lag das Tal. Und eitel

ragt und dampfend schattenscharfer Kant,
schälte milchig dunstumwoben,
dunkelseitig westerhoben
sich feuchtgefleckte schwarze Wand.

Beschüttet und von ganzem Golde
überstrahlte weit das wilderhobne Horn
Farbenwälder, ungebrochner Schollen Korn.
Doch samenprall erbläht verstrohte nun die Schierlingsdolde.

Schon hingestreckt in bunt gebräunter Ruh
erglänzet stumm ein mattes Leben.
Längs der kahlen Wiesenbäche schweben
herbe Hauche früher Dämmrung zu.

Kahl und nässer wächst ein graues Mahr.
Fahl und blässer altern diese leisen Tage,
legt das Jahr in ungehörter Klage
prangend nieder seinen Festtalar.

Braune Düfte überwehn
geräumten Hof und sauber brache Fluren.
Und Stille deckt die unsichtbaren Spuren
derer, die an aschbunt geblumten Gräbern stehn.

Schneeflocken

Wie sie taumeln! Weiße Flicken
aus dem irgendlosen Grau,
federschwebend, jeden Blicken
hauchentwischt im Tanzverzücken
durch ein lautlos Ungenau.

Nach den Wettern, sturmverstoben
heulend in gepeitschter Nacht,
krönet jedes kleine Oben
dünenkantig saumumwoben
ruhig funkelweiße Pracht.

Wie sie alles dämpfen, decken,
lichtverbrämt im kalten Blau
rund verkeuschten alle Ecken,
glitzerblickes Auge necken,
doch verderben lasch im Lau!

Bis sie taumeln wieder, Flicken
aus dem irgendlosen Grau,
federschwebend, jeden Blicken
hauchentwischt im Tanzverzücken
durch ein lautlos Ungenau.

Wintermorgen

Brechende Ferne.
Hellroter Frost.
Frühseitig
ringt sich ein glimmender Ost
über die reifblauen Firste.

Die schwarzen Ballone
verweichender Nacht,
an kältere Weiten entschwommen,
sind lautlos gefahren vorüber
und hinab.
Ein einsames Wegbeet lang
rauhreife Astern schauern.
Bläßlich dämmern die Häupter der Birken
und Bläue weicht aus dem Eisrauch der Gründe.
Darüber eröffnet ein Lächeln
von fern
und greift in den offenen Morgen.

Die Schleier verdünnen
und klimmen den Hang,
die Frühloder züngeln sich himmellang
und mit einem hellichten Glockensang
zerstob
seine stille Verheißung.

Jahres Ende

Leise sinnt das bleiche Jahr
über seinen greisen Tagen,
hüllt sich tief in alle Kälte
und gebietet sich zur Ruh.

In den früh verwaisten Wipfeln
nisten dünne Eiseswinde.
Schatten vieler langer Dunkel
überragen schon die Zeit.

Dezemberschwere Wolkenmächte
grauen über blasse Hügel,
und nur nebelweiche Nachtgesichte
züngeln friedlos durch die Täler.

Fernes Lärmen stillt die Tage
traumverstört an Winters Schlaf.
Und es sehnt sich in die Stille
und umgibt sich mit Geduld.

Nur die Säume seiner schleißigen Gewänder
glitzern kalt und prächtig diesem Ende.
Würdig eines Königs letzten Stunden
tauen die Gestirne Glanz und Schweigen.

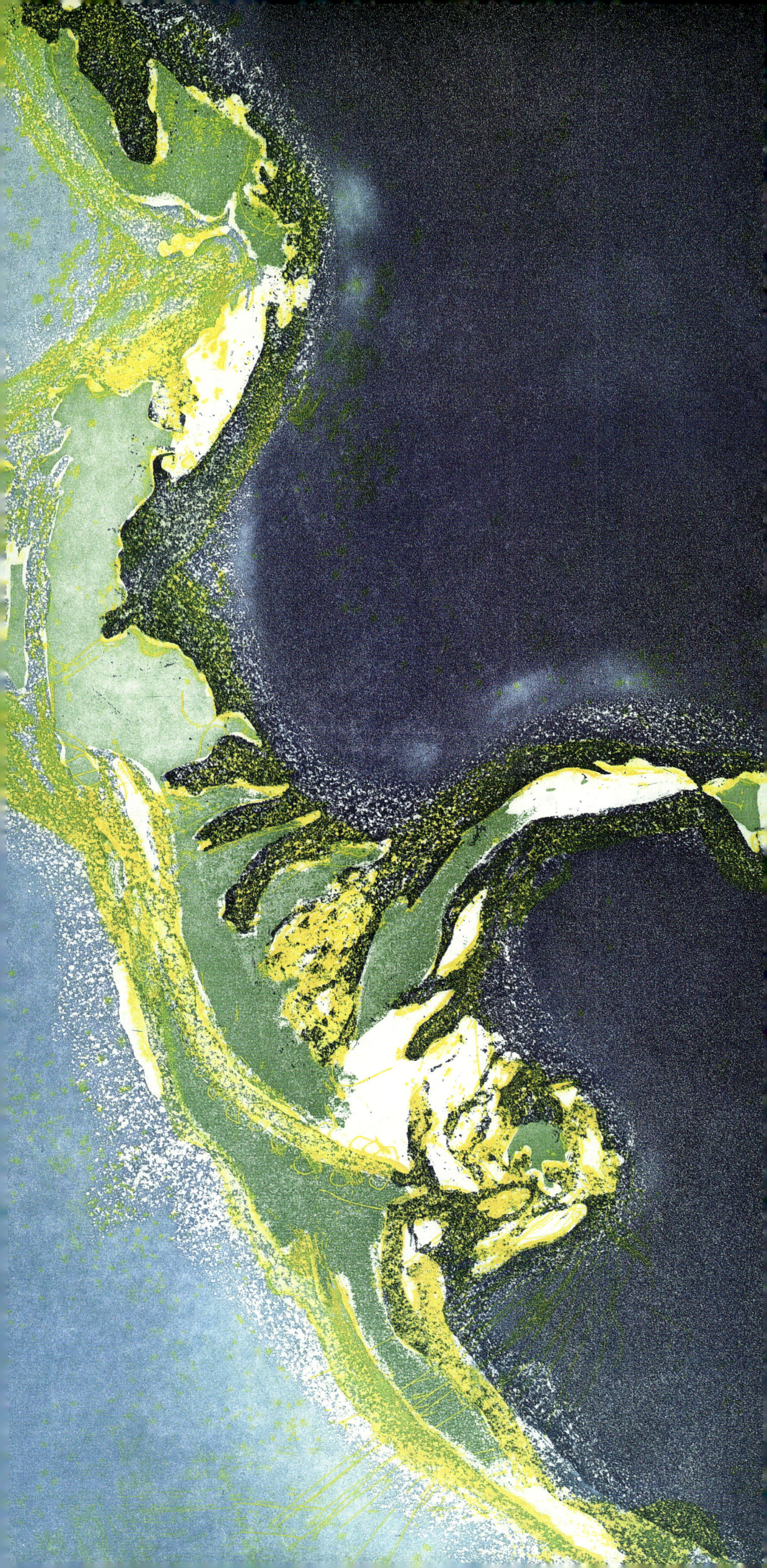

Morgengesicht

Ich träumt
einen farbensprühenden Spiegel,
getaucht
in ein allesverschimmerndes Naß,
umschäumt
von vielfarbigen Perlen, ein Siegel
erlaucht
und umbläut von erblühendem Gras.

Es tranken
mit leisen, silbrigen Knallen
solch bunte
Tränen verdampfenden Tau.
Es sanken
leis in das schillernde Wallen
perlrunde
Schatten. Ich sah es genau.

Da schmolzen,
die so vernehmlich geraten,
zerrannen
zu feiner Zimbelmusik.

Da schmolzen
auch Halme und Spiegel und traten
hinter
den milchigen Morgen zurück.

Mittag

Stille ruht in Hof und Gaß.
Sonne lehnt sich an die Scheiben.
Mitte zeigt das Tagesmaß.
Pause allem Treiben.

Spatzen lärmen in den Rinnen.
Unterm Turm verhallt der Schlag.
Gardinen fächeln Kühle drinnen,
schirmen Abend vor dem Tag.

Wimpelbunte Schirme klecksen
Farbe zwischen Strauch und Zweig.
Schnelle Wolkenbausche hexen
Schatten auf den Pflastersteig.

Die Fassaden herrschen weiß.
Spiegelschräge Fenster blitzen.
Fliegen, Käfer und Geschmeiß
an den warmen Wänden sitzen.

Von den Simsen Blumen quellen
ausgeschüttet rot und viel.
Kastanien weiße Kerzen stellen
über breitem Blätterspiel.

Blanke Giebelfläche blinkt.
Hitze drängt sich unters Dach.
Von der großen Straße schwingt
nur ein graues Grollen nach.

Stille liegt im Überschwang.
Greift kaum Hauch in Windes Rade.
Zeit hält ihren hohen Gang
an in schweigender Fermate.

Abend

Vergellt
sind alle grellen Stunden,
versprüht im Tempo lichterloh.
Verbellt
von kettenträgen Hunden
noch kauert Nacht im Irgendwo.

So tritt
uns Abend vor die Helle
und sänftigt Kante und Kontur.
Wo Tritt
und Schritt wies von der Stelle,
zeichnet er schwach noch dunkle Spur.

In weiter
Röte kurz und schön
noch einmal Saum und Gipfel lag.
Und weiter
als die Lichter sehn
die Turmuhr zählte ihren Schlag.

Bald stehn
die Räume schulterdicht
und hängt sich Haus an Häuserseit,
vergehn
wie ausradiertes Licht
Schatten in die Dunkelheit.

Dann klingt
nur Stille durch die Wand
und pulst mit ruhig dunklem Schlag.
Dann schwingt
durch atemloses Land
nur noch ein Echo nach vom Tag.

Abendgebet

Herr, es will Abend werden
und der Tag hat sich geneigt.
Auf den Zinnen schläft dein Lächeln.
Durch die Giebel Hauche fächeln.
Reglos an den Wänden schweigt
der alten Stunden willenlos Gebärde.

Und nebelglänzend liegen
verlassen Hinterhof und Gaß.
Hellrote Horizonte säumen
dein gutes Wort. In unsern Träumen
knittern wir die Linnen naß
und basse Schreie durch die Kammer fliegen.

Drohend durch die Nächte geigt
der Zitterfiedler um die Herden!
Keiner läßt das Feuerspiel.
Vergurgelt liegt der letzte Priel.
Herr, es will Abend werden
und der Tag hat sich geneigt.

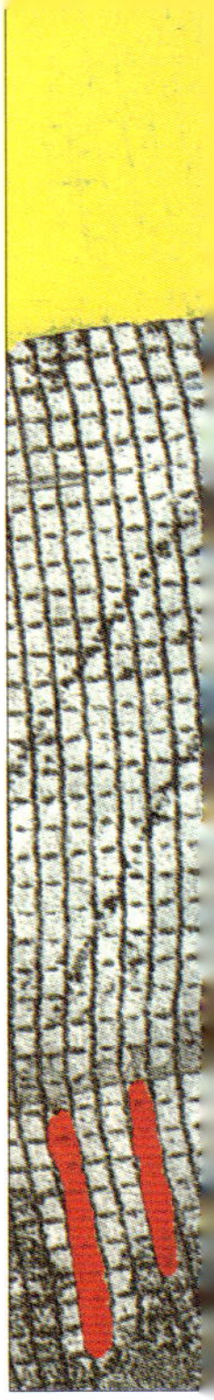

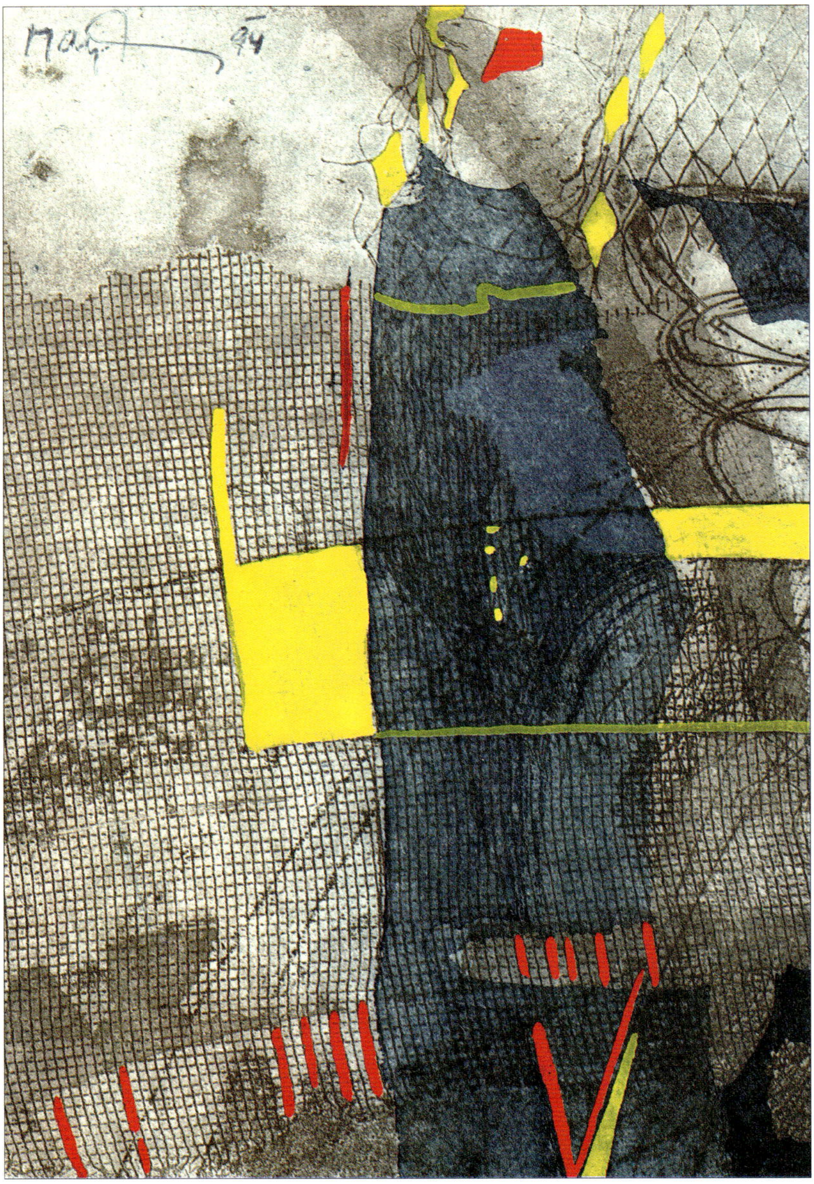

Nacht der Bolde

Wenn die Stille sich erhob
und samtene Schwingen hüllen Kamm und Ufer,
will ich treiben durch die Dunkel,
wo vor schilfig flüstrer Braue
glänzt der Wasser viele Seelen.

Brisenfeucht rühren die Hauche,
Bohlen knurren vor dem Tritt.
Leise klirren Takelwerke
willenlos aus klammen Träumen.
Und es faltet sich der See,

landet schwätzig an die Kiesel.
Murmel spricht aus weichen Räumen.
Und von schemengrauen Bäumen
wars als ob ein Girren flog.
Dies ist die Stund der bunten Bolde,

die zu Meuten aberviel
spiegelfach im Tintenblau
überwimmeln alle Stätte
zu glitzerkühlem Perlenspiel
auf kräuselkranker Glätte.
Zum Tanz unterm Gestirnentau.

Nächtliche Fährten

Es funkeln die Fernen.
Zurück und zuhauf
lag an unseren sterbenden Sternen
noch einmal ein glänzendes Antlitz auf.

Der Mond trug seinen strömenden Schimmer,
der Liebende lauschte aus flüsternden Bäumen.
Als versiegt eines endlosen Abends Schimmer,
ward Weilen mir wieder in alten Träumen.

Wo es von spiegelnden Tümpeln weht
und schwätzt unter algigen Stegen,
wo der verbrannte Kapellenbaum steht
an lange vergrasenden Wegen,

kauerte ich in wiegenden Farnen
und weidete über vergessene Zeit
und irrte fort in den Garnen,
doch drang nicht in das Weit.

Und wie ich noch trachtete nach den Krähen
zu scheuchen sie von wohligem Grund,
umschattete jählings ein Flatter der Seen
unaussprechlich erglitzernden Mund

und sudelte an den seidigen Funkel.
Schemenschwarz schrieb ein kurzer Schlag
wirre Zeilen über das Dunkel
und strauchelte in den versunkenen Tag.

Ich köste des schweigend die sprechenden Schilfe
und folgte der erlenrauschenden Nacht.
Es hat ihr weiches Fächeln mir Hilfe
aus heimatlich junger Fremde gebracht.

Mir war noch, als hört ich aus Weiten ein Quaken
und Gezirpe von unsichtbaren Rufern,
als das wiedergräuende Dämmerlaken
schon breitete über gezwungenen Ufern.

So viel zu früh verkünden die Laue
des erglimmenden Tages vertrauliche Härten.
Wie bitter schmecken doch die Taue,
wenn verlöschen die nächtlichen Fährten!

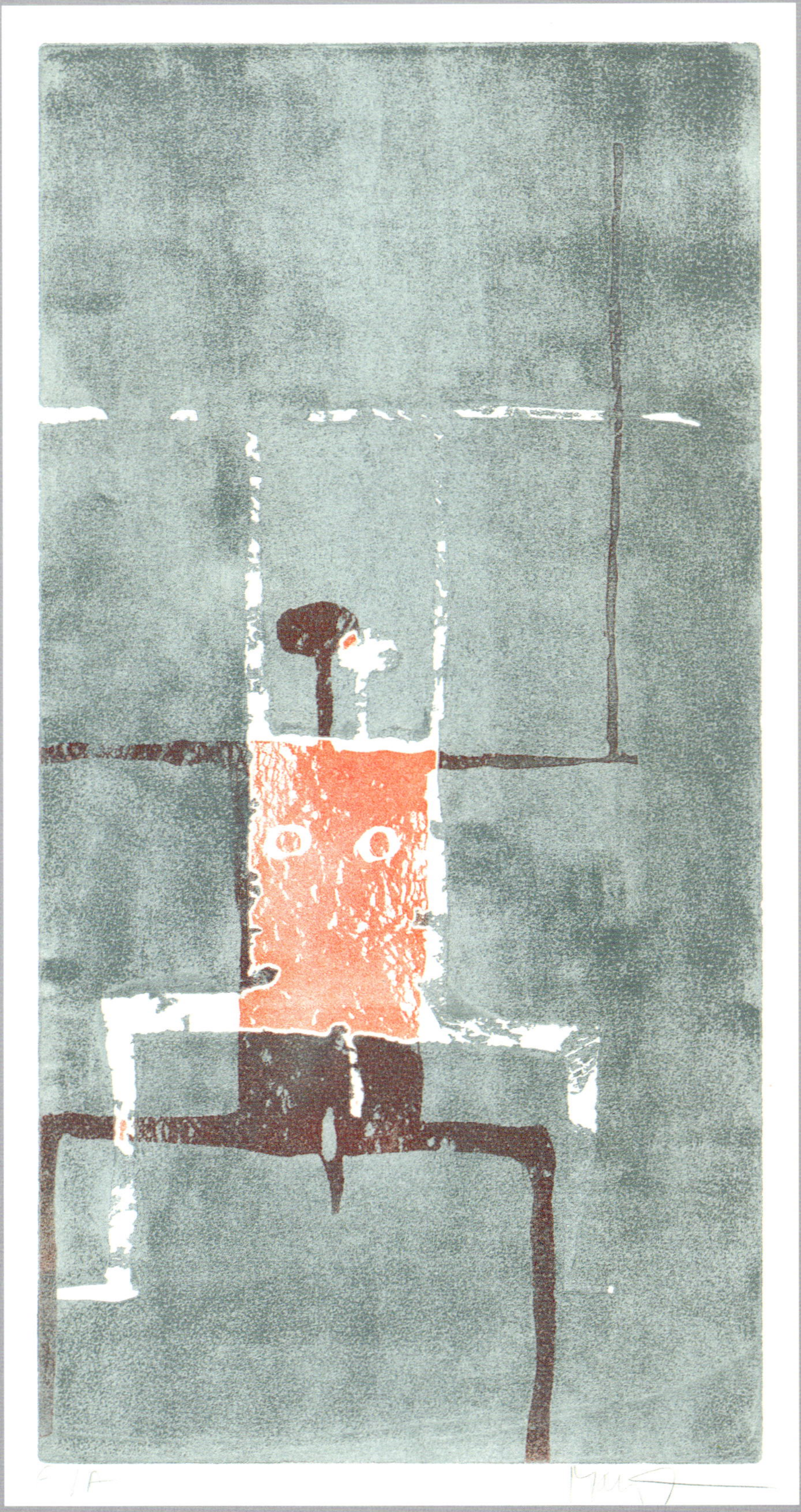

Lauschen
will ich
meinen
Wunden

Lehrstück

Lieb mich Kind!
Ich bin ein Sünder
und ein harter Bock dazu
und mir ist, wofür ich falle,
keine Frefelei tabu.

Nimm mich sündhaft!
Wenn du willst,
schwör auch auf Himmel ich und Höll.
Laß mich schänden deine Jugend,
gib mir was von deiner Seel!

Sündig lieb, Kind,
sei ein rechtes
Weib und messe dich mit mir!
Wenn du gut bist, könnte sein gar,
du bekommst auch was von mir.

Kind liebt Sünde.
Weib war echt.
Lehrte mich den ganzen Stier
bis uns schmerzte das Geschlecht,
aber wollt gar nichts von mir.

Möchte eine Lieb dir sagen

Möchte eine Lieb dir sagen.
Flöge gern hinein dein Lächeln.
Unter deinen Schatten fliehn
wär mir atemholen, Nähe fächeln,
so du innehältst nach mir.

Keine anberaumte Stille
legte Nacht mir noch aufs Lid.
Möcht in alle Wärme sinken,
tauchen in dein Prachtgefieder
und verweilen zwischen dir.

Langer Regen

Nun dauert der Regen
schon mehrere Tage
und hat unsre Seelen wundgeleckt.
Da haben wir perlende Wärme erkleckt,
als wir feuchteten uns Untertage.

Wir sind uns lange erlegen
und haben uns Male durchschwelgt.
Und haben offen miteinander gedroht
und brannten bitter zum Morgenrot
und waren so jählings gewelkt.

Gegangen

Wie bitter schläft dein verwandertes Lächeln
an den sauberen Wänden so bleichen!
Der geronnenen Träume härteres Antlitz
grub seelenlos sich in unsere Kammer.
Du läßt es so traulich zurück.

Die Konturen schweigen.
Und dröhnender wölbt sich ein deutliches Nichts
über trotzig geglättete Kissen,
zerrt pochend langer vergeblicher Schlaf
gewühlt in sein schwarzes Zuinnerst.

Dann sind keine bleibenden Wünsche mehr.
Die Gardine umbläht nur zwei klappende Flügel.
Verworfener Blick tastet tief sich ins Dunkel.
Gebleichtes Gesicht. Ich erkenn es nicht mehr.
Ich lausche nur noch deinem Namen.

Mittsommers Zwischengesang

Sie alle,
die sie heftig knieten vor Altären,
auf daß ihre Bünde fest und geheiligt wären,
sie können,
jahrs darauf, wenn man ihnen begegnet,
nicht nennen,
wes katholisch sie so stark gesegnet.

Sie alle,
die jahraus beträchtlich noch suchen,
jahrein erlernten auch sie manches Fluchen,
wiewohl
sie sehr vorn in des Tempels Innern
sowohl
solche Gnade noch ziemlich erinnern.

Sie alle
konstatieren auf Anfrage brav,
wie festlich der Gottheit Odem sie traf
in Zeremonien,
da Glanz und Gepränge sie reizten –
Utopien
in gepolsterten Bänken geheizten.

Du und ich,
die wir wohl Stürme durchsteuert,
die wir uns als Gefährten geheuert,
wie oft standen
umgischtet und bis auf die Seele durchnäßt
wir auf schwanken Planken?
Doch nicht die Pest
hätt gerafft uns vom Schiff
eh wir bestanden umgurgeltes Riff,
obwohl
wir einst nicht an Altären gesegnet
und uns doch in demselben Gebäude begegnet,
worin
uns auch andere Räume reizten –
nicht nur die bequemlich und katholisch geheizten!

Es war,
ich erinnere warm noch die Kühle,
im sonntagvormittäglichen Vestibüle.
Von dannen her
füllte auch uns jene Kraft,
die es bis heute und hierher geschafft.

Und nicht nur von Trieben
getrieben
und geil
sind wir beim Lieben
geblieben
und heil.

Ich wollte

auf jenen Planken,
den benäßten
und immer wieder geschwanken
dir dafür
mal danken.

Gelegenheitsgedicht

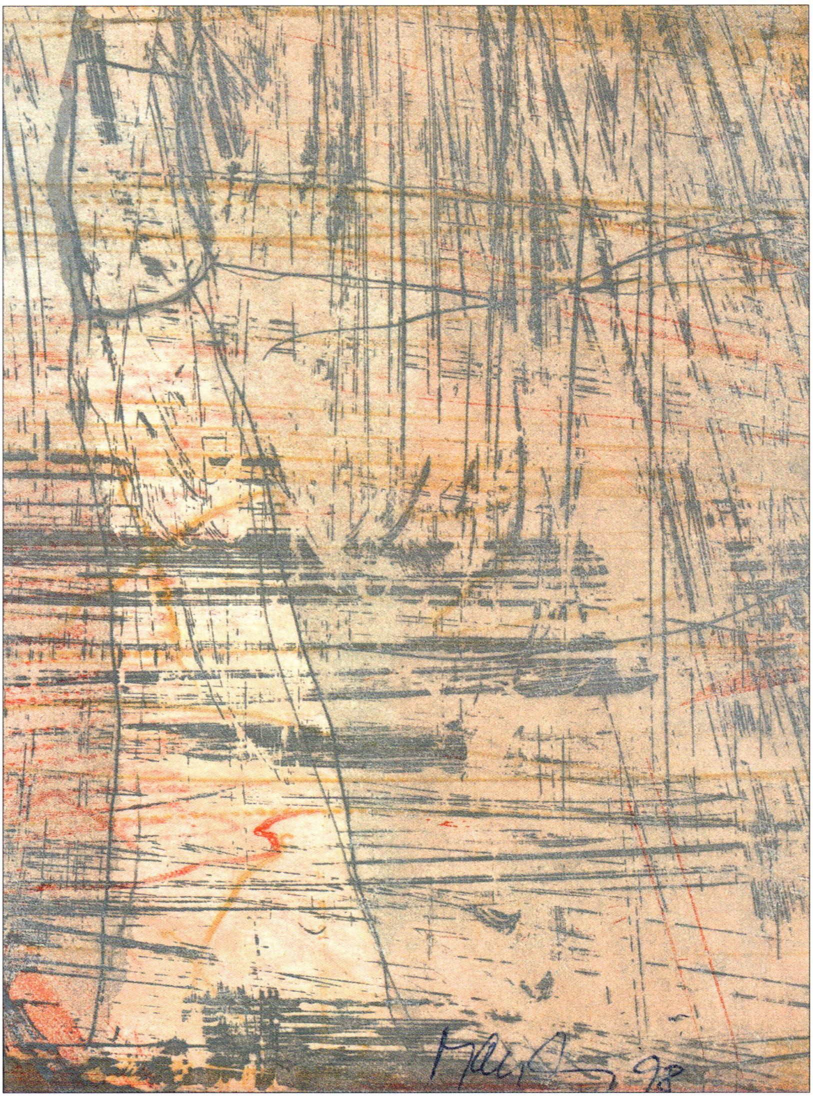

Fiel ein Regen über Nacht

Fiel ein Regen über Nacht,
kam aus alten Tagen,
liegt lauschend um den Tümpelgrund,
schimmert von den Hagen.

Kauernd vor so mancher Schwelle
köst ich einen kalten Gruß.
Nicht begehrt ich Einlaß doch,
so man Lieben lernen muß.

Fort entwehten unverschwelgt
mir angeflehte Ruche,
stand gesuchte Bitternis
süßer gar zu Buche.

Hab in dir mich ausgenutzt,
log mich in dein Feuchten.
Trieb dich durch die Regennacht,
stahl von deinem Leuchten.

Schwang mit nebelnassem Flügel
mich an neonweiße Lichte.
Starrt in dämmerleeren Dunkeln
glühende Gesichte.

Lag im lehmgeweichten Grund,
kühlt mit Schlämmen mir die Male,
lehnte an dem Regenbaum
und erschrak vor seiner Kahle.

Schau in fieberklammen Kissen
dich noch manchmal traumesblind.
Sah dich tanzen, sah dich wiegen,
nicken dich im Sonnenwind.

Fiel ein Regen über Nacht,
kam aus alten Tagen,
liegt lauschend um den Tümpelgrund,
schimmert von den Hagen.

an E.G.

Abschied

Wir werden keine Lampen haben.
Nur rotes Beerenlicht wird glimmen
lautlos
durch übermannenden Herbst.

Verschienen
und sehr golden vergangen
das lautlose Erinnern
schweißgetränkter Bläue
in schwerer Nacht.

In schwerer Nacht
die erbrochenen Lenden
und ertrinkenden Blicke.
Und mühsam versammelt die Strahlen
Male und Male durchschwommener Monde,
da mählich erstorben
das schüttere Licht.

Wir werden keine Lampen haben.
Nur rotes Beerenlicht wird glimmen,
wird weiterglimmen
lautlos
und bitter.

Gedanken an Gertrude

Seh dein schlankes Silberhaar
sich in Weidenschöpfe wirken.
In das schemenweiche Wallen
rührt mit nestelnder Gebärde
noch ein blasses Abendwehn.

Traumhaft in dein Gehen gaukelt
mir ein sinnenrotes Lächeln.
Lieder brechen durch den Dämmer
und das Stampfen schwerer Tänze.
Abschied wehet in den Schritt.

Deine Kammer sank in Kälte
und es gingen alle Düfte.
Wohlgefaltetes Erinnern
schweigt von hochgewachsnen Wänden.
So warst selten du uns nah.

Nimm mein Sinnen in dein Schweben
und vertrau auf meinen Schmerz!
Dieser Wange fahlen Schmeichel
will ich kosen durch die Dunkel
und die Güte deiner Hand.

Nur ein Hauch von herbem Lachen
streift durch herbstgegrauten Anger,
als der Blick in stiller Gänze
losch in eine klamme Ferne.
Doch mit traumerwachten Augen

seh ich dein schlankes Silberhaar
sich in Weidenschöpfe wirken.
In das schemenweiche Wallen
rührt mit nestelnder Gebärde
noch ein blasses Abendwehn.

Winterreise

Wo die Dorfstraße sich aus den Häusern verliert
und die Birkenallee an den Frühling begleitet,
wo der dampfende Moosmorgenschleier sich breitet
zum Rain, wo der alte Kapellenbaum dürrt
und die kiesigen Gleise verengen zum Strich,
war als Kind meine Welt einst zuende für mich.

In jenseits der Säume asphaltkranke Täler
verpflanzten sie mir meinen scheueren Schritt.
Kaum eine Tugend gesellte sich, mit
zu wandern im Tritt so gleicher und schneller.
Schon als jahrinmitten die Hifeln voll Heu
stehen mußten ums Dorf, war mein Sommer entzwei.

Tauklammer Herbstmorgen schütterer Grund
fand neonumrauscht einen nachtblinden Städter
von Schwaden beschneit schöner schmutzbunter Blätter,
unzählig vergeblicher Raubzüge wund.
Und draußen, wo er das Leben geglaubt,
hing die Beere vertrocknet, stand der Waldrand entlaubt.

Als die Frühnebel weithin ins Felderland leckten,
wo die schneeschlohen Schleier die Krume vermachen
und Frosthäute spiegeln auf Tümpeln und Lachen,
als die kleidlosen Kronen nur Krähen noch fleckten,
hab allein ich mich aufgemacht klaglos und leise
auf eine heimliche Winterreise.

Ich wollt jene Kiesgleise einwärts wandern
noch einmal dorthin, wo die Fußwege zweigen,
wollt zahllose Zeiten hinuntersteigen
von einem vertraulichen Wegmal zum andern.
Noch einmal geriet mir mein Wesen zum besten
und ich stieße mich nicht an den schneewinden Frösten.

Doch wo irgendeinst an den Mohnblumensäumen
windsprechender Felder ich düfteumbauscht
schritt, nur einen Mittag zu träumen
sonnenumwölbt und von Bläue umlauscht,
lange Schatten sich über die Brache neigen.
Nur die Turmzwiebeln sachte der Senke entsteigen

wie eh. Und mein Kiesgeleise nirgend mehr schlängelt
die Raine entlang so wanderverspielt.
Ein staubgraues Straßenband reißplan gegängelt
stracks und befremdlich dorfinnerwärts zielt.
Eh reifnebelblind es die Häuser gewinne,
steh scheu in des Waldschattens Kälte ich inne.

Ich finde die Wegekreuzung nicht mehr.
Die Waldschänke gar wird es nicht mehr geben.
Allein die Totenbretter erzählen vom Leben.
Und mein Himmel! Mein Himmel so winterleer!
Das Wiesenkreuz ging und die Schober verfallen.
Nur der Kapellenbaum ragt schwarz und einzig von allen.

Fremd weist die kränklich verrötende Helle
von eisrauchverhangener Giebel Traut.
Kein Fenster vorzeiten verhangen schaut
heraus zu der einsamen Stelle.
Kein Leuchten bemuntert die Leere;
des kehr ich ins Ungefähre.

Wegs zurück hab ich mich in die Wälder verirrt.
Doch es führen mich all ihre Steige hinab
an die Dunkel. Sie gleichen sich wieder. Ich hab
ihr trautes Zuinnerst mir lang schon erspürt.
Und doch war mir aus dem Moder zerfallener Garben
wie in Schauern ein Loder noch herbstwarmer Farben.

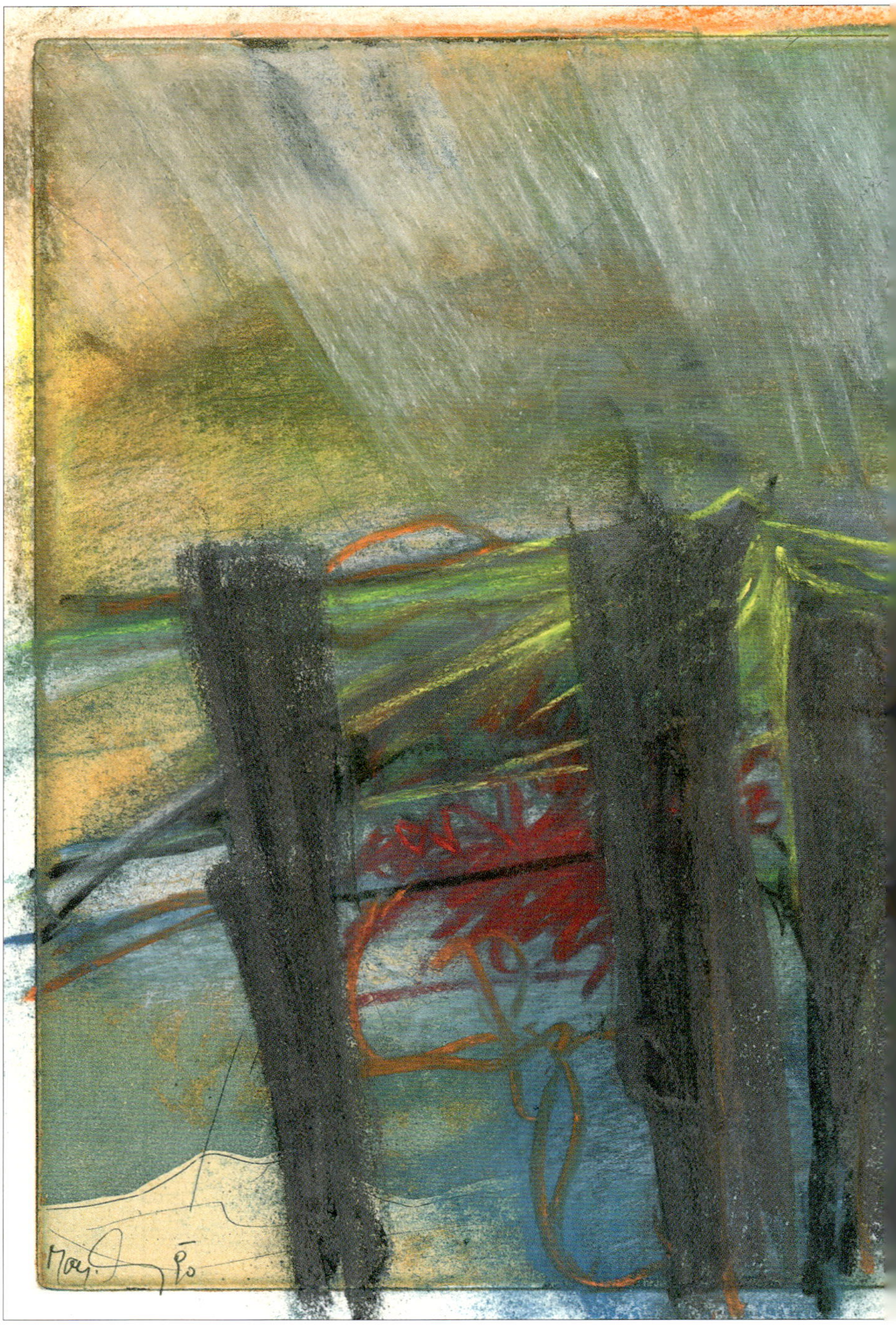

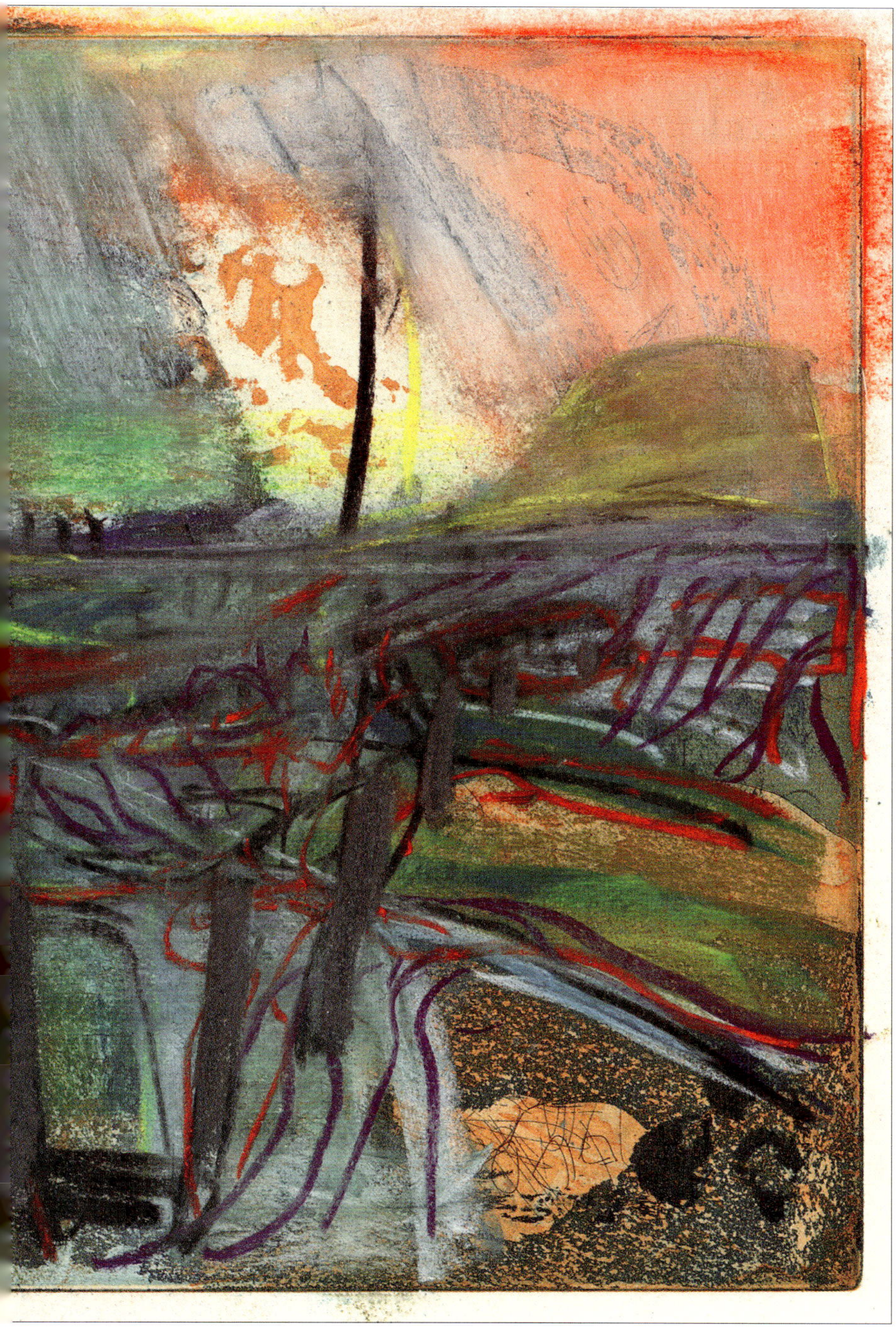

Die Uferstraße

Die meisten Rinnsale wurden versammelt
weiter oben,
es kam fast ein Fluß dabei raus.
Der schreitet nun durch die neuere Randstadt
entlang diesem schwarzen Uferband,
das stolz durch enttümpelte Auen spurt
und lichtergesäumt
die nebelnassen Nächte bezaubert,
auch an mehreren Stellen schon
hinüberspangt.

In Jahren
wurde hier großes geschaffen,
und die Väter haben sich Mühe gemacht.
Und auch die Trollblumen
kamen zur Einsicht.

Das Raumordnungsverfahren
war kühn und geboten.
Und man kann sagen,
man leistete gut.
Das Wasser gab
wie vor Jahren und Tagen
den Rainern die Arbeit,
Aufgab und Brot.

Auch pflockten wir meilenweit Stamm bei Stamm,
bis es grünte fast wieder wie eh.

Wenn ich sonntags nach dem Familientee
mit mir in diese Ordnung geh,
weiß ich, wie einst ich kam

nach der Schule auf Umweg und ohne Schuh
watend nach Fröschen durch flüsternde Schlämme.
Und wir zogen schon damals kunstvolle Dämme,
die das Wasser uns flachte nächtens im Nu.

Und manchmal, wenn wir uns trauten,
liefen wir über das hölzerne Wehr.
Im Frühjahr, wenn die Grasufer tauten,
sprangen wir über die Schollen her.

Und immer gab es hier fischende Reiher
an den langsamen Schleifen der Bäche. Am Weiher
noch seh ich sie dunkel stehn
und vasenschlank unterm Ufergrau
stakend durch spiegelnde Schlicke gehen.

Sehnsucht

Winters eiserbleichte Hauche
schneiden an Gesicht
und Ohren.
Verloren
hab ich lange nicht,
noch lag ich je zu Bauche.

In den frischergrünten Zeiten
hab den Trieben
ich gebührt
und gespürt
vor ihren Hieben
gieren Schauerstrom von Weiten.

So durchmaß ich manche Blüte
und durchschwelgte
vielen Duft.
Schuft,
der unerbittlich welkte
wärmster Blicke sanft Geblüte!

Und es runzelte augusten
vor der Stirne noch
das Herz.
März,
bekannt dem Hirne doch,
und Maien früh erherbsten mußten.

Wie welken Weins bizarres Holz
übersüß beschwert
die Traube,
belaube
letztens ich gekehrt
ein Sehnen an der Süchte Stolz

und folg der Blume an die Scheiben,
die glitzerweiß die Sicht
gebannt,
verbrannt
erst von der Sonne Licht
und deiner warmen Finger Reiben.

Winterwärts

Bläue tropft aus siechen Sonnen
in all dein Weich und Warmes. Verwägt
deine Feuchte, hingestreckt
an die geronnenen Wonnen.

Duftmilder Märzmonde Rosengewölk
ertrunken im Sonnentreiben.
Erinnrung anheim. Glühroter Schmerz
schimmert in frostblinden Scheiben.

Ihr nachtwunden Seufzer, wohlan!
Wohlan, ihr entirrten Geläute!
Zu gelbe Sommer verdarben den Mann
und würgen den Liebreiz der Bräute.

Schon klaffen aus der Wildgans Ruf,
der die Lüfte beschreibt nach Norden,
wie von eisesscharfen Worten
Wunden, die der Schneewind schuf.

Bin weit geirrt

Bin weit geirrt in dunkelschwere Schlafe,
verlor mich ganz an dämmerträges Licht,
durchstrauchle ziellos meine Jahre.
Von Silberstreifen weiß ich nicht.

Über tiefgeweichte Pfade
mühn sich die beschwerten Schuh
längs der sturmgebeugten Säume
einer öden Ferne zu.

Einsam dröhnt das grelle Tosen
wildergischtend um mich her.
harte Sonnen überglosen,
sengen euch von drüben her.

Nur schmaler Duft durchwirkt das Brausen.
Grün verschüttet in das Grell,
wo samtverlorner Blicke Funkel
verging ins aberlaute Hell.

Ach, wie gern säh ich ein Leuchten,
spürte farbenwarmes Licht,
tauchte schaudernd in dein Feuchten
und durchschwelgte bis es bricht!

Doch wie in Takten malmt die Zeit.
Träume flackern. Nicht gesunden
will ich in zerstörter Nacht.
Lauschen will ich meinen Wunden.

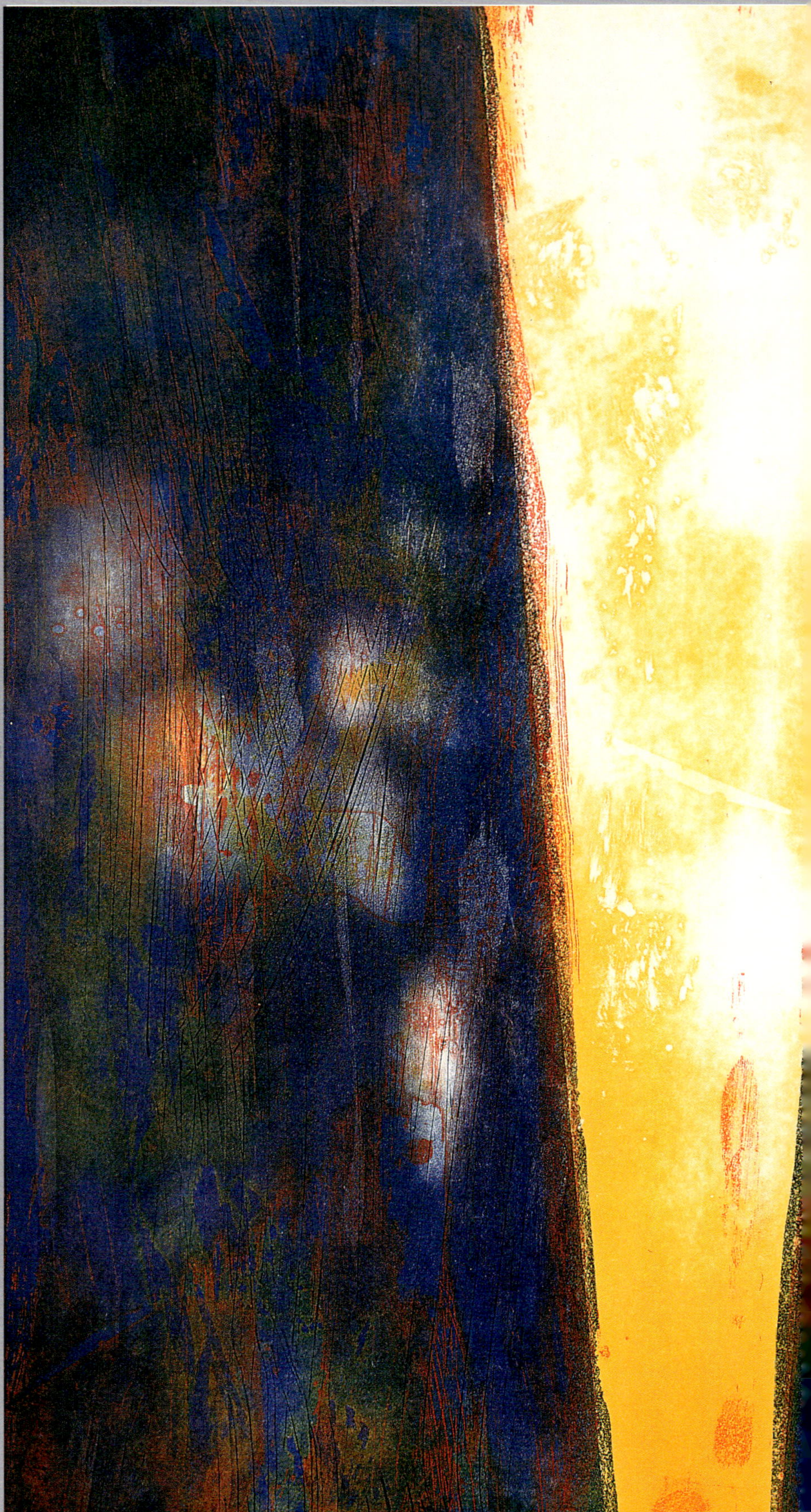

Das Licht in Händen

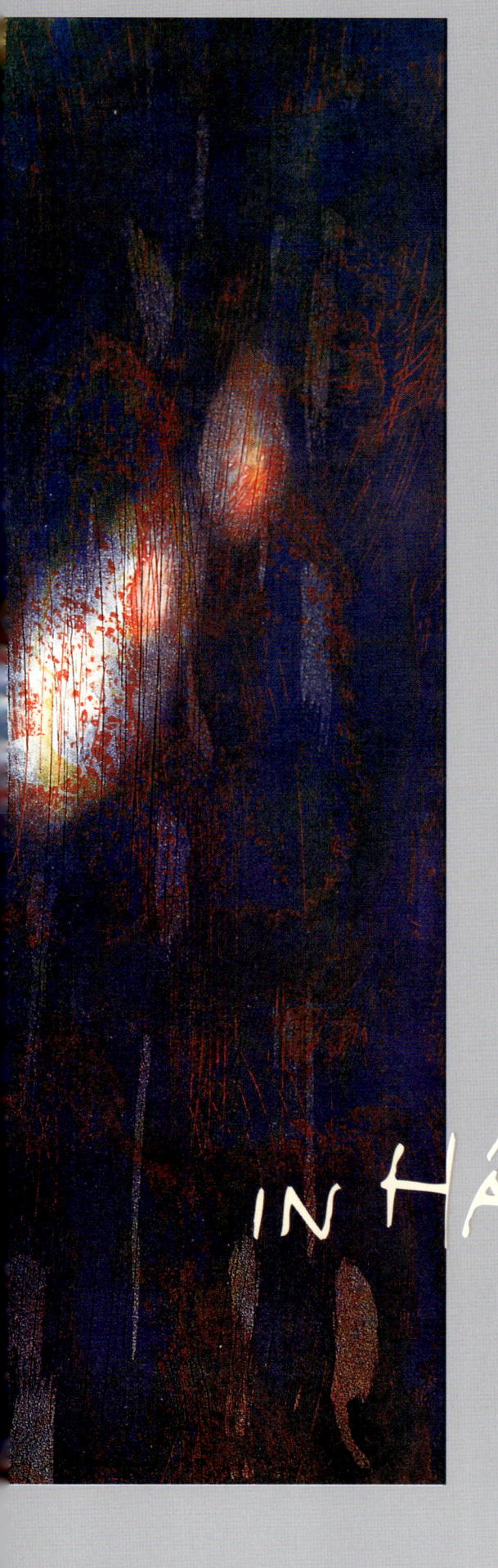

Das Licht in Händen

Muß irgend Tag gewesen sein
– später wendete dort die Zeit.
Kann sein in einer Hütte von Lehm,
kann sein ohne Dach,
wie Ställe sind
in der heißen, einsamen Weiße.

Muß Not gewesen sein
über armseligen Tagen.
Kann sein allerorten,
kann sein ohnedies,
wie sie nicht lindern kann
Myrrhen, Weihrauch und Schätze.

Muß harter Stiefel getreten haben
den Nacken bloßen, müpfigen Volks.
Kann sein wechseljählings,
kann sein üblicherweise,
wie stets es enthofft und doch anders nicht ward
heute und altersher.

Muß doch was riskiert haben
nach dreißig entlegenen Jahren.
Kann sein mit Erfolg,
kann sein mit offenem Ausgang,
wie man Krämer vertreibt
und doch besser die Tempel einreißen sollte.

Muß auch was geblieben sein
von jenem sackleinernen Glanz.
Kann sein in den neuen Ställen,
kann sein bei den neuen Fischern,
wie die Krämerstiefel purpurn aus den Hütten
myrrhischen Volks wieder in die Tempel zurücktrampelten.

Muß aber einen Sinn gemacht haben
im glorreichen Verenden am Henkerholz.
Kann sein in den Lehmstätten,
kann sein in den Asylen und Kerkern,
denn der Hirten sind viele
und wir erhängen ihn bis ans Ende der Tage.

So wirf deine Mütze in den langen Regen:
in bloßen Händen hältst du das Licht!
Kann sein, es verlängert sich in den Spiegeln,
kann sein auch, es verschüttet sich.
Viel Lärmen umschattet die bleichenden Finger.
Und schwerlich erkennet ihr Wort und Gebärde.

Lebens Nachtgesang

Könnt ich unter euren Schatten wohnen,
käm die Morgenfeuchte Wärme gleich
und der Glanz von seliglichem Schweigen
hüllte mich in sondergleiches Ebenmaß.

Wenn die nie gekannte Kühle
legte wohles Reis mir auf die wunde Stirn,
könnte bleiben ich und ruhn,
wär Geschöpf, wie ich noch nie gewesen.

Euere totenweichen Züge lächeln
wie vom Antlitz fremder Freunde.
Wo solch Frieden Euch begann,
kann kein Sterben je gewesen sein.

Wär dies aschenbleiche Tal
länger gar als eh geheißen,
lohnte segenvolle Dauer
mir den schuldgebeugten Schritt.

Laßt in solcher Stille mich verweilen,
träumen mich die schattenhelle Nacht!
Daß das Leben Tode teilen,
hab ich nicht gedacht.

An meinen Vater

Du legtest dich ruhen.
Inmitten allen Sommers
zog eine kahle Kälte herauf.

Durch ihre neblige Gräue zuckte,
in unaussprechliche Fernen verfunkelnd
der erhobenen Gläser so altes Gesäng.

Wo denkst du nun fort?
Sie liebten dich mehr als sie sagen
und machten dich zu ihrem Staunen.

Nicht kümmern sollen dich wenige Pfade,
die fern sich verlieren von deinem Grab.
Denn anderswo blühn gar verwilderte Hügel.

Nur, daß du uns ließest im welkenden Sommer,
türmt lange sich noch in unseren Seelen
und dunkeler Frost macht dein Lachen uns gellen.

Ich werbe noch heute um dein Gewissen,
denn ich ererbte deine Freude nie.
Nicht könnte ich je solche Stärke vergessen.

Nun hab versammeln können mit Weilen
ich Paare kleiner Äugelein Leuchten,
die trefflich getrocknet manch unserer Feuchten.

Wir hatten dich fast schon vertrieben
und auch andere haben die Flamme gelöscht.
Doch ein Pünktchen Docht war weitergeglommen.

Als du wähntest uns gründigen Bodens zurück,
bist unversehens du wiedergekommen
und hast uns noch einmal angeblickt.

Auf den Heimgang

von Anton Dawidowicz, em. Domkapellmeister zu Salzburg

Wir wähnten dich ewig. Erschreckt
hat dein stilles Verwehn
nur, die in solchem Vergehn
Abschied und Endlichkeit sehn
von Fährnis und Schmerzen bedeckt.

Wir wähnten dich ewig. Doch schwingen
wird weiter dein Stab. Was erweckt
er, gelehrt und bewegt,
in uns wird es weiter gehegt
und nicht wieder verklingen.

Wir wähnten dich ewig.
Nun wissen wir dich sein.
Unser Lieb und Gedenken
geleiten dich heim.

Flieh nicht
aus unseren Gedanken,
die wir so viel
und einander dir danken!

Gelegenheitsgedicht

Allerheiligen

Nun erstand der kleine Hügel,
den wir jahrlang doch gewaist,
neu in schlohbunten Pastellen.
Und es drängen keine Fragen mehr.

Viele sind vergangen,
zogen mählich aus dem Schmerz.
Mit gelichtetem Gefieder
kauert Bitternis in schüttrer Kron.

Müßig, wie der Pfaff plädiert,
floh Erinnrung durch die Herbste.
Nur ein Knittern trockner Blätter
kreiselt noch auf leisen Kieseln.

Auch die Handschrift jenes Meißels
wittert fort an müden Herzen
und vergrauet gnädiglich,
nur den Kundigen zu Wissen.

Wenn ich selber einst gegangen,
quält die Stille nicht mit Klagen!
Denn sachte gehen Engels Schwingen
und kaum hörbar ist ihr Schlagen.

Dahinter wird nichts mich verderben

Greif einst ich die kühlende Leere,
still sternenerblindende Nacht,
will halten ich warm und gewogen,
was lebenlang weit mir und fern.

Noch gern
wär ich weitergezogen
und hätte die glänzenden Dunkel durchwacht
und faßte ans Ungefähre.

Denn fremd war mir irdens die Helle.
Und da mir die Kraft nun verseimt,
hab ich den Frieden geträumt
und von Wildfrüchten zungengrundherben.

Dahinter wird nichts mich verderben.
Den Arm nur legt mir der Freund
um die ermattete Schulter. Vereint
treten wir über die Schwelle.

Ans Meer geraten

So bin ich ans Meer geraten,
ans Ufer.
Kam von den Minenfeldern dort.
Irrte durch fürdergrauende Zeiten
aus dämmerklammen Neonweiten
beseligt von schmerzloser Häutung.
Fort!

Gefrorene Schreie
geronnen zu Bläuen
verschwammen gegoldet in jeglichen Hall.

Verkommene Reuen
ein endliches Mal
zerstürzten aus wärmezerflossener Reihe.

Ich möchte nur äsen
auf windigen Auen,
vergessen,
wovon ich gestrandet.
Bin wie die Lilie gewandet
und atme
und weiß,
daß ich endlos

gelandet.

Metalog
durch die Doppelbedeutung der griechischen Präposition

Betroffen, getroffen lese ich immer wieder aus diesen Marmorquadern, aus denen in ziselierter Ritzzeichnung, in erhabenem Relief oder in kantiger Rundplastik mir ein reiches Innenleben entgegenspricht. Nach dreißig Jahren solch eine Neubegegnung mit Hermann Stützer!

Schon im »Vor Wort« – in dieser Worttrennung schon eine unüberhörbare Sensibilität für Sprache: Verfremdung des Verüblichten – vor aller lyrischen Emanation bereits eine Orgel für Akkorde. Erlebnisse der Jugend, Reifen, ringende Ermannung. Im Quelltopf dieser Meditation über den eigenen Schaffensprozeß glänzt schon der Schlüssel zur ästhetischen Verschlüsselung: »*Denn das Gedicht ruht in der Sprache wie die Statue im Stein, von der Michelangelo schwärmte, man müsse sie nur freilegen*«.

In der Gedichtfolge »Wintereinbruch« – als visionäres Gesicht durch Radierungen Franz Mayrhofers verstärkt – zeigt sich der Stein in halbdunklem Licht, Beerenlicht. Von »Vae Victis« zu »Abgesang«, von »... *zikadenzerzirrt ... des Sprosses widerbleiches Grün ... des flammenden Schwerts michaelisches Grinsen ... nachtverhaucht ins Dämmerdunkel ... verschmutzendes Eis ... in ein leeres Muschelrauschen ...*« bis »*ergeben einer blinden Bläue, von lichter Beerenröte sterbensloh bestaunt ...*« Welche Kraft der Bilder!

Dann öffnen Lichthalme, aus Tiefen, körperlich, glut-blut-voll – so kongenial Mayrhofers Radierung als »Male der Zeit« – neue Räume für Stützers Reflexionen, etwa in »Vaterland«, und Phantasiewelten, wie »Märchen für Klärchen«:
>   »... *verscheuchlings Fisch und Fröschebeines.*
>   *Schnappekrebs und Schneckekriech*
>   *sondersamt vertoxelich*
>   *und siech.*
>   ... *verfröschlings Scheuch wie Fischebeines,*
>   *Verkriechekrebs und Schnappeschneck*
>   *toxesamt versonderreck ...*«

Kleine Hommage an Ernst Jandl?
Und immer wieder Selbstaussagen eines gefährdeten

lyrischen Ichs: »... *ich deutete früher die Runen ... Ich wandre ängstlich durch ein breites Nichts ... strauchle ich ins Dämmerbleiche.*«

Dann erwachen Erinnerungen, wie in »Weihnachten 1993«, wenn sich im Kinderabzählvers die Banalität des Bösen entlarvt: »... *Menschenelend, Völkerhatz und für Krippen kaum ein Platz ...*« In grellem Kontrast zur Aussage »Bin so sicher meiner Wege« stehen Spiegelschrift und Antlitzriß. Ähnlich erregt auch die Verschränkung von Kain und Abel in »Gedenken an Rudolf Heß«: »*O daß wir stets Erhängen meinen, daß wir alles rächten! Daß wir immerwährend ächten! ...*« Humanistisch-christliche Parallelen drängen sich auf: Die sophokleische Antigone: »Nicht mitzuhassen, mitzulieben bin ich da.« Oder Manfred Rommel über Gudrun Ensslin: »Mit dem Tod endet aller Streit.«

Widerspruch in den »Malen der Zeit« hallt nach:
  »Vergebung«
 »... *Scheint das Antlitz mit der Krone
   dornenwund durch Draht und Gitter,
   schweigt mit letztem kleinen Tone
   fernvergrollt das Weltgewitter ...*«
Aber sofort »Träge Träume«:
 »... *doch schmerzlos vernebelt
   klafft das Erwachen
   todwund
   im Zauber
   der allverfallenden Räume.
   Die Träume
   werden träge
   sogar.*«
Eichendorffsche Zauberweise gegen Bennsche Leere? Und plötzlich werden – auch mit Mayrhofers Röntgenblick – mannigfaltigste Fährten durch Hermann Stützer gelegt: »Brucknermoment« als Bruckner-monument – dem heilignüchternen Pathos Anton Bruckners nahe, von der Reminiszenz zur Reverenz steigert der Brucknerkenner und Brucknerverehrer Stützer:
 »... *gewaltig
   hob die Meisterhand
   des Gottes
   mächtiger Musikant.*«

Das so persönliche, stimmungsverliebte, den glücklichen
Augenblick verklärende »Sonntagsstenogramm«:
»... für die Jahreszeit zu kühl und unendlich freundlich.«
Oder das in Naturgeborgenheit glückhafte Ansprechen:
>*»Kleiner gelbergrüner Seimling*
>*aus maienwarmen Regenschoßen*
>*von März und Tau geküßtem Keimling*
>*zu Sonnen frech emporgeschossen ...«*

Und seinem lauten Gegenstück »Sommergewitter«:
»... Wind schrieb Zeilen in den Mais ...« Als ein gestalterischer Höhenzug das »Spätsommerlied«. Zu Mayrhofers Farbenspiel über dem Weg durchs abgeerntete Sonnenfeld wölbt sich das Loblied sprachkonzentriert darauf, daß
»... noch einmal Sommer sich entlud ...« mit Zeilen wie:
>*»... Laublos brennen bittre Beeren*
>*in prangendroter Süchte Ruch ...*
>*... Samentaschen schotig platzten ...*
>*Torfstichlöcher moosig schwatzten ...«*

Zugegeben: Salzburg und Trakl, Höglwörth und das Moos sind nahe. Und doch gilt: Hier ist die onomatopoetische, stabreimende, assonanzgeladene Metamorphose des Visuellen ins Musikalisch-Granitene schöpferisch gelungen. Wen wunderts, daß »Sturm«, »November im Tal«, »Schneeflocken«, »Wintermorgen« und »Jahresende« ins Kosmische geraten: *»... Würdig eines Königs letzten Stunden tauen die Gestirne Glanz und Schweigen.«*
Voll erfüllt sich dies die Sicht der Radierung, gleichsam astronautisch über dem ewigen Wechsel des Ineins von Meer und Land.

Ins menschliche Maß zurückgewendet bringen Gedichte wie »Morgengesicht« und »Abendgebet« gleichsam ein Verschnaufen vor dem dämonischen »Tanz der Bolde«:
»... Brisenfeucht rühren die Hauche, Bohlen knurren vor dem Tritt ...« Unheimliches durchflutet Mensch und Natur in »Nächtliche Fährten«:
>*»... schemenschwarz schrieb ein kurzer Schlag*
>*wirre Zeilen über das Dunkel ...«*

Dann ein neues Anbranden der erinnerten Zeit – eröffnet durch eine Abstraktion des Paares in der Radierung – mit oft sehr persönlichen, daher einer künstlerischen Bewertung fairerweise zu entziehenden Versen in »Lauschen will ich meinen Wunden«, und doch auch stark und unverwechselbar eigen:

> *»... schau in fieberklammen Kissen*
> *dich noch manchmal traumesblind.*
> *Sah dich tanzen, sah dich wiegen ...«*

Oder auch als Abschied:

> *»... nur rotes Beerenlicht wird glimmen,*
> *wird weiterglimmen lautlos*
> *und bitter.«*

Wieder in den Fährten, etwa in »Uferstraße« oder »Bin weit geirrt« das mutige Bekenntnis:

> *»... nicht gesunden will ich in zerstörter Nacht.*
> *Lauschen will ich meinen Wunden.«*

Glückhaft entspringt der letzte Themenkreis den schmerzhaft entflammten Sehnsüchten auf der Titelseite, einem rotglühenden Becher auf das Dasein gleich. »Das Licht in Händen«. Mayrhofers begleitende Radierungen entsprechen den Variationen der Lyrik:

> *»... so wirf deine Mütze in den langen Regen:*
> *In bloßen Händen hältst du das Licht ...«*

Die Lichtspur führt über »Allerheiligen«:

> *»... wenn ich selber einst gegangen,*
> *quält die Stille nicht mit Klagen!*
> *Denn sachte gehen Engels Schwingen*
> *und kaum hörbar ist ihr Schlagen«.*

bis zum Abgesang in »Ans Meer geraten«:

> *»... bin wie die Lilie gewandet*
> *und atme*
> *und weiß,*
> *daß ich endlos*
> *gelandet«.*

Ein starkes lyrisches Ich, ohne Zweifel unzweifelhaft nie, dabei bleibt – in einer Zeit des Narzismus – diese Lyrik nie dem inneren Monolog verfallen. Immer ist Öffnung zum Du, Kraft des Dialogs, auch kraft des Dialogs mit der Natur, personalen und kosmischen Mächten – jenseits dogmatischer Systeme – spürbar. Dabei muß Stützers Formensprache – am Ende des Millenniums unausweichlich – viele Signaturen der Lyrik widerspiegeln (am Ende Ingeborg Bachmanns Leerzeilen?) und doch darf sie das goethesche Ein- und Ausatmen für sich in Anspruch nehmen.

Diese Lyrik ist der Versuchung der Ainigmatik, dem Reiz der Verrätselung also, nicht ganz erlegen, nicht im elfenbeinernen Turm hermetisch verblieben, sondern konnte sich expressiv, wortestammelnd, worteballend aus der Versteinerung der Innerlichkeit befreien – als Suche nach dem Ungesagten im Unsagbaren. Ein großer Lichtstreifen, dies Beerenlicht, in vielen geschlossenen Gedichten, vor allem aber auch als Komposition! Und ein Glücksfund, wenn sich zum Lyriker der Bilder ein Künstler des Sehens und Gestaltens findet. Bleibt noch zu enthüllen, daß es nur einer Notiz in der Frankfurter Allgemeinen Zeitung zur Tagespolitik bedurfte, den vormals jungen Lehrer bei den Regensburger Domspatzen wieder zu seinem damals schon erkennbar außergewöhnlich vitalen Schüler zu führen, der immer Neuland sucht, wenn er arriviert scheint.

Neugierig auf alle Häutungen, Sedimente und Eruptionen am außergewöhnlichen 28. August 1999

Adolf Wilhelm Fromm
(Damals vielleicht mehr Maieut denn Magister, heute durch Hermann Stützers Lyrik und Franz Mayrhofers Radierungen gestimmt und entbunden)

Inhalt

Vor Wort — Seite 7

Wintereinbruch

Vae Victis · *10. 01. 1987* — Seite	16
Sieh, daß du in die Härte paßt · *12. 11. 1987*	17
Beim letzten Schlag · *01. 03. 1988*	18
Der große Kongreß · *31. 12. 1986*	19
Wintereinbruch · *18. 01. 1988*	21
Neunzehnhundertpaarundsechzig · *10. 12. 1986*	22
Wappen der Zukunft · *04. 02. 1989*	23
Im Laubfall der Jahre · *21. 07. 1987*	24
Verhängnis · *05. 01. 1987*	25
Wenn der Dornbusch wieder brennt · *29. 12. 1987*	27
Abgesang · *1989*	28

Male der Zeit

Vaterland · *29. 12. 1986* — Seite	32
Die Himmel ermüden · *1987*	33
Märchen für Klärchen · *1994*	34
An den Strom · *06. 01. 1988*	36
Gäbe es weise Steine · *04. 01. 1987*	37
Tauwetter · *28. 12. 1986*	38
Mit deinen blauen Augen · *1992*	39
Ich wandre · *1990*	41
Herbst 1992 · *1992*	42
Alles wird wärmer · *29. 12. 1986*	43
Weihnacht 1993 · *1993*	44
Familienchronik · *18. 12. 1987*	46
Irrlichter · *06. 12. 1986*	47
Bin so sicher meiner Wege · *1990*	49
Gedenken an Rudolf Heß · *31. 08. 1987*	50
Vergebung · *11. 01. 1987*	51
Träge Träume · *01. 01. 1987*	52
Schweigen im Land · *1992*	53
Male der Zeit · *07. 02. 1988*	54

Fährten

Brucknermoment · *16. 11. 1987*	Seite	58
Erscheinung · *07. 01. 1987*		60
Sonntagstenogramm · *26. 07. 1987*		61
Frühling · *1989*		62
Kleiner Seimling · *1996*		63
Sommergewitter · *31. 07. 1987*		64
Spätsommerlied · *25. 08. 1987*		67
Sturm · *1988*		68
November im Tal · *01. 11. 1987*		69
Schneeflocken · *21. 12. 1986*		70
Wintermorgen · *21. 12. 1986*		71
Jahres Ende · *18. 12. 1988*		72
Morgengesicht · *16. 07. 1987*		74
Mittag · *20. 06. 1987*		75
Abend · *25. 05. 1987*		76
Abendgebet · *13. 12. 1986*		77
Nacht der Bolde · *20. 11. 1988*		79
Nächtliche Fährten · *14. 04. 1989*		80

Lauschen will ich meinen Wunden

Lehrstück · *1985*	Seite	84
Möchte eine Lieb dir sagen · *1985*		85
Langer Regen · *22. 07. 1987*		86
Gegangen · *23. 02. 1988*		87
Mittsommers Zwischengesang · *1993*		88
Fiel ein Regen über Nacht · *1988*		91
Abschied · *05. 09. 1986*		92
Gedanken an Gertrude · *07. 04. 1988*		93
Winterreise · *1994*		94
Die Uferstraße · *04. 02. 1988*		98
Sehnsucht · *03. 02. 1987*		100
Winterwärts · *1998*		101
Bin weit geirrt · *25. 03. 1988*		102

Inhalt

Das Licht in Händen

Das Licht in Händen · *09. 08. 1986*	Seite 106
Lebens Nachtgesang · *1996*	108
An meinen Vater · *04. 02. 1989*	109
Auf den Heimgang	110
Allerheiligen · *1988*	111
Dahinter wird nichts mich verderben · *1998*	112
Ans Meer geraten · *1997*	114

Metalog	Seite 117
Franz Mayrhofer – der Maler	126
Hermann Stützer – der Autor	128

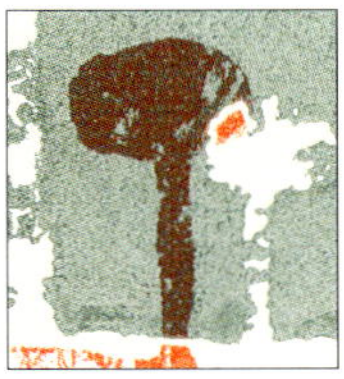
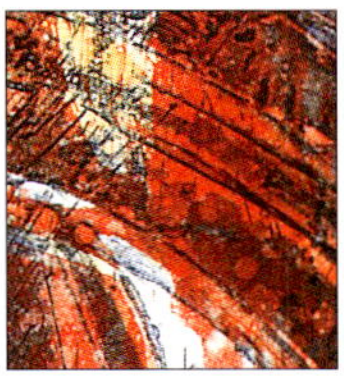
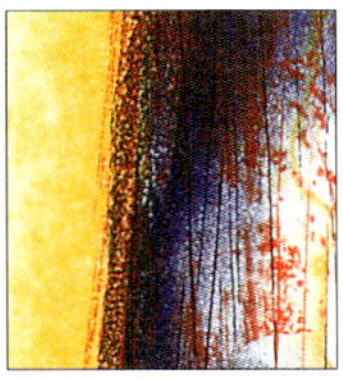
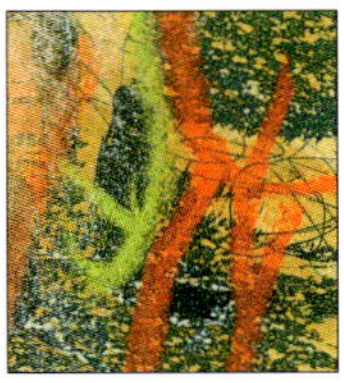
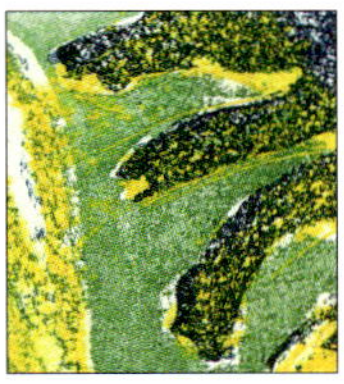
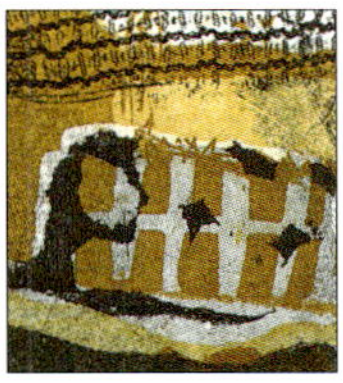

Franz Mayrhofer – der Maler

1951	in Unterweißenbach, Österreich, geboren
1972 – 1982	Studium der Anglistik und Slawistik an der Universität Salzburg
Seit 1982	Gymnasiallehrer

Schon früh Auseinandersetzung mit Malerei

Seit etwa 1977	regelmäßige künstlerische Tätigkeit
Ab 1982	intensive Beschäftigung mit der Radierung
1988	Assistent in der Radierklasse der Internationalen Sommerakademie für Bildende Kunst in Salzburg

Lebt und arbeitet in Elixhausen bei Salzburg

Einzelausstellungen unter anderem in

Österreich	Salzburg
	Linz
	Graz
	Wels
	Freistadt
	Perg
	Seekirchen / Wallersee
Deutschland	Oldenburg / Oldbg.
	Bayreuth
	Freilassing
Frankreich	Gruissan Village
	Cuxac d' Aude

Ausstellungsbeteiligungen
Salzburg
Frankfurt / Main
Ansbach
Oldenburg / Oldbg.
Bayreuth
Freilassing
Trutlaching / Alz

Zahlreiche Arbeiten in öffentlichem Besitz

Verzeichnis der abgebildeten Werke

Seite 14 Falscher Versuch VIII/1
 1994, 50 x 33 cm, Radierung
Seite 20 Dahinter
 1986, 33 x 40 cm, Radierung / Pastell
Seite 26 Salome
 1996, 60 x 50 cm, Radierung
Seite 30/31 Johanaan
 1996, 60 x 50 cm, Radierung
Seite 40/41 Landschaft IV
 1990, 35 x 25 cm, Radierung / Pastell
Seite 48/49 Falscher Versuch V/1+2
 1994, 50 x 33 cm, Radierung
Seite 56 Die Verbindung
 1995, 70 x 25 cm, Radierung
Seite 66/67 Landschaft I
 1990, 35 x 25 cm, Radierung / Pastell
Seite 72/73 Raumtaucher
 1986, 33 x 50 cm, Radierung
Seite 78/79 Ohne Titel
 1994, 10,5 x 15 cm, Radierung / Pastell
Seite 82 Suche nach Balance I
 1996, 60 x 30 cm, Radierung
Seite 90 Ohne Titel
 1998, 10,5 x 15 cm, Radierung / Pastell
Seite 96/97 Landschaft II
 1990, 35 x 25 cm, Radierung / Pastell
Seite 104/105 Die Urkraft
 1996, 60 x 50 cm, Radierung
Seite 112/113 Landschaft III
 1990, 35 x 25 cm, Radierung / Pastell

Hermann Stützer – der Autor

	verheiratet, drei Kinder
1952	in Teisendorf, Oberbayern, geboren
1963 – 1969	Gymnasium in Regensburg
1973	Abitur in Straubing
1973 – 1978	Studium Gartenbauwissenschaften FU München-Weihenstephan
	Studium Staats- und Verfassungsrecht in Regensburg
	Münchner Bardenszene – Liedermacher
1978	Abbruch Jura-Studium
	Gärtnerlehre
1978 – 1980	Leitung des elterlichen Betriebes
1980 – 1996	Betriebsübernahme, selbst. Unternehmer
	Sänger in der Salzburger Kulturszene und im Domchor Salzburg,
	Gründungen mehrer Vokalensembles
	Konzertreisen in
	Österreich
	Deutschland
	Frankreich
	Italien
	Zypern
	Tonträgeraufnahmen
1996	Berufsausstieg
	Konzeption und Abwicklung eines größeren Immobilienprojektes
1996 – 1999	Freier Journalist in Bayern und Österreich
	Studium Internationales Kunst- und Medienmanagement an der Johannes Kepler Universität Linz mit Abschluß als Master of Advanced Studies, MAS
1997	Eintritt in die Freie Demokratische Partei Deutschlands
1998	Wahl zum bayerischen Landesvorsitzenden
1999	Wahl zum Bundesvorstandsmitglied

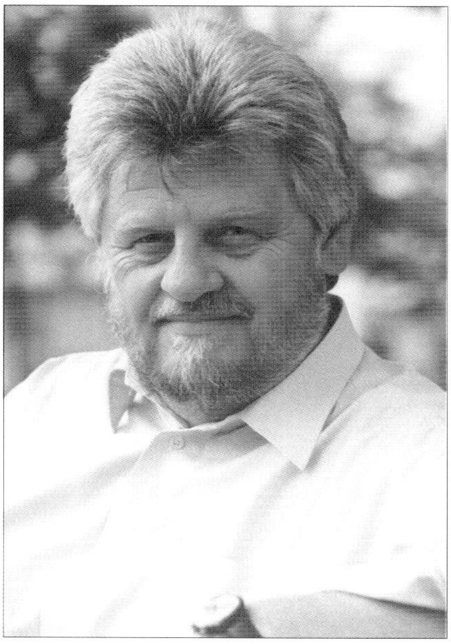

Impressum

Noricum Verlags GmbH
D-83 317 Teisendorf, Mehringer Weg 19
Tel.: ··49-(0)8666-92 95 92 · Fax: ··49-(0)8666-86 56

Kein Teil des Werkes darf in irgendeiner Form ohne die schriftliche Genehmigung der jeweiligen Rechteinhaber reproduziert oder unter Verwendung elektronischer
Systeme verarbeitet, vervielfältigt oder verbreitet werden.

Gestaltung: V.DESIGN, René Vinke, Designer AGD
D-83 317 Teisendorf, Mehringer Weg 19
Druck: ALCIONE, Trento
I-38 100 Trento, Via Ragazzi del '99 n.19
Reproduktionen: Fuchs Repro
D-83 410 Laufen, Watzmannstrasse 18

Gesetzt aus Cosmos light / extra bold von Berthold.
Alle Abbildungen in diesem Buch stammen von
Franz Mayrhofer, Elixhausen.
(außer Bild auf Seite 129: Foto-Studio Jung, Freilassing)